本书由西南政法大学2013年度引进海外人才科研项目资助出版

毒品犯罪研究综述与评价

熊海燕 著

知识产权出版社
全国百佳图书出版单位

图书在版编目（CIP）数据

毒品犯罪研究综述与评价．熊海燕著．—北京：知识产权出版社，2019.4
ISBN 978-7-5130-4718-0

Ⅰ．①毒… Ⅱ．①熊… Ⅲ．①毒品—刑事犯罪—研究—中国 Ⅳ．① D924.364

中国版本图书馆 CIP 数据核字（2017）第 009471 号

内容提要

本书全面阐述了国内毒品犯罪问题的研究近况。本书可作为高等院校法学类学生的学习参考用书，也可作为法学类、社会学类、犯罪学专业的硕士研究生、博士研究生和法律硕士的参考用书。本书对在党政机关、司法系统从事刑事法律研究与管理的人员也有参考价值。

责任编辑：刘晓庆　　　　　　责任印制：孙婷婷

毒品犯罪研究综述与评价
DUPIN FANZUI YANJIU ZONGSHU YU PINGJIA

熊海燕 著

出版发行：知识产权出版社 有限责任公司	网　址：http://www.ipph.cn
电　话：010-82004826	http://www.laichushu.com
社　址：北京市海淀区气象路 50 号院	邮　编：100081
责编电话：010-82000860 转 8073	责编邮箱：liuxiaoqing@cnipr.com
发行电话：010-82000860 转 8101	发行传真：010-82000893
印　刷：北京中献拓方科技发展有限公司	经　销：各大网上书店、新华书店及相关专业书店
开　本：787mm×1000mm　1/16	印　张：13.75
版　次：2019 年 4 月第 1 版	印　次：2019 年 4 月第 1 次印刷
字　数：175 千字	定　价：48.00 元
ISBN 978-7-5130-4718-0	

出版权专有　侵权必究
如有印装质量问题，本社负责调换。

目　录

第一章　毒品的定义及其特征 ··· 1

一、毒品的定义 ··· 1
（一）毒品的自然定义 ·· 2
（二）毒品的法律定义 ·· 2

二、毒品的特征 ··· 8
（一）两特征说 ··· 8
（二）三特征说 ··· 9
（三）四特征说 ·· 10

第二章　毒品的认定：数量、种类和纯度 ···················· 15

一、毒品的数量问题 ··· 15
（一）毒品数量折算 ·· 16
（二）在毒品灭失的情况下对毒品数量的认定 ············ 18

二、毒品的纯度与含量 ··· 20

· i ·

第三章　毒品犯罪的定义与分类 ………………………………… 26
一、毒品犯罪的定义 ……………………………………………… 26
（一）法律定义 ………………………………………………… 26
（二）形式定义、实质定义、形式与实质相结合的定义 …… 32
二、毒品犯罪的分类 ……………………………………………… 34
（一）毒品犯罪的法定分类 …………………………………… 34
（二）毒品犯罪的学理分类 …………………………………… 41

第四章　毒品共同犯罪问题研究 ……………………………… 47
一、毒品共同犯罪的概念和成立条件 …………………………… 47
二、毒品犯罪的正犯、间接正犯、教唆犯与为工具的人 ……… 53
（一）共谋共同正犯 …………………………………………… 53
（二）片面共犯 ………………………………………………… 55
三、毒品共同犯罪认定中的几个问题 …………………………… 56
（一）毒品犯罪的同时犯问题 ………………………………… 56
（二）毒品犯罪的对向犯问题 ………………………………… 58
（三）居间介绍买卖毒品行为 ………………………………… 62

第五章　毒品犯罪的争议行为 ………………………………… 69
一、贩卖、持有和运输行为的含义 ……………………………… 70
（一）贩卖 ……………………………………………………… 70
（二）运输 ……………………………………………………… 73
（三）动态持有 ………………………………………………… 78
二、代购毒品的行为 ……………………………………………… 80

（一）代购毒品的概念……80
　　（二）代购行为的定性……82
　　（三）代购毒品行为与居间介绍买卖毒品行为的区别……85
三、毒品交易特殊形式的认定……88
　　（一）互易毒品行为……88
　　（二）贩卖假毒品的行为……91
四、盗窃毒品的行为……98
　　（一）盗窃毒品行为的性质和处理……98
　　（二）盗窃毒品之后行为的认定与处理……101

第六章　毒品犯罪的再犯与累犯……103

一、毒品犯罪的再犯……103
二、毒品特别再犯条款适用的疑难问题……109
　　（一）毒品特别再犯条款与一般累犯条款的竞合……109
　　（二）毒品特别再犯条款与数罪并罚条款的竞合……111
　　（三）竞合时的法律适用：《刑法》第356条与第65条交叉重叠时，司法中应如何对行为人适用法律……114
三、对于适用再犯毒品犯罪从重情节的犯罪人能否适用缓刑、假释……117

第七章　毒品犯罪形态研究……119

一、贩卖毒品罪的犯罪形态……120
　　（一）贩卖毒品的着手……120
　　（二）贩卖毒品罪的既遂标准……125
　　（三）贩卖毒品罪的中止……132

二、运输毒品罪的既遂标准 ································· 135
　（一）起运说 ····································· 135
　（二）进入运输状态说 ····························· 136
　（三）进入运输工具说 ····························· 136
　（四）合理位移说 ································· 136
　（五）目的地说 ··································· 136
　（六）运离存放地说 ······························· 137
　（七）区分说 ····································· 138
三、走私毒品罪的既遂标准 ································· 140
四、制造毒品罪的既未遂形态 ······························· 143
五、非法种植毒品原植物罪的既遂标准 ······················· 146

第八章　毒品犯罪的主观方面 ································· 151
一、故意 ··· 151
　（一）毒品犯罪是否存在间接故意 ······················· 151
　（二）贩卖毒品罪是否需要以牟利为目的 ················· 154
　（三）非法持有毒品罪是否不论主观罪过 ················· 160
二、明知 ··· 164
　（一）明知的内容 ····································· 164
　（二）主观明知的认定 ································· 168

参考文献 ··· 175

第一章　毒品的定义及其特征

一、毒品的定义

给毒品下一个准确的定义，既是进行毒品犯罪研究的基础，也是一个国家打击毒品犯罪、制定毒品政策的基础。同样，针对毒品犯罪越来越国际化的趋势，建构一个合理的、为国际社会普遍接受的毒品定义，更有利于实现国际社会在打击毒品犯罪方面的紧密合作。然而，毒品的定义无论是在法律上还是在社会生活中都很难统一，在学术研究中也是众说纷纭。就拿鸦片来说，依照现行的毒品目录，无疑属于毒品的范畴。然而，在我国一些边远的少数民族地区，食用罂粟籽的习惯依然存在；[1]从医学的角度来考察，鸦片依然是安神、止咳的一种药物。这样一来，法律与习惯、法律与其他科学就发生了冲突。因此，如何定义毒品，并使其外延、内涵能够与其他学科共存，为国际社会和公众普遍接受，并且能够实现打击毒品犯罪的目的，就成了一个充满挑战又亟待研究的课题。关于毒品的定义有以下几种观点。

---

[1] 张洪成. 毒品犯罪争议问题研究 [M]. 北京：法律出版社，2011：5.

（一）毒品的自然定义

毒品的自然定义是以毒品的自然属性为出发点为毒品下的定义。这种定义一般不涉及法律层面的问题。具体来讲，有关毒品的自然定义主要有以下四种。

（1）毒品是对人体有害的、能使人形成瘾癖的药品或其他物品。❶

（2）毒品是由其化学特性改变现存生物体的结构或功能的任何物质。❷

（3）毒品是以各种方式吸进人体并且最终能给人带来危害的各种非食物的自然物品或化学合成物品。❸

（4）毒品是指以非医疗和科学用途的目的而走私、贩卖、运输、制造、持有与使用的麻醉药品、精神药品。❹

（二）毒品的法律定义

毒品的法律定义是从毒品的社会属性出发，以法律、法规等形式确定下来的毒品定义。从形式上看，毒品的法律定义主要有列举式、概括式、列举与概括并列式三种。

1. 列举式

列举式的毒品定义最初出现在国际公约中。国际禁毒领域的第一个多边会

---

❶ 张洪成．毒品犯罪争议问题研究 [M]．北京：法律出版社，2011：6．

❷ 亢泽春，刘少华，王高，等．山东某高校学生毒品知识调查分析 [J]．河北医药，2008(9)：14．

❸ 张文峰．当代世界毒品大战 [M]．北京：当代世界出版社，1995：1．

❹ 于志刚．"毒品"定义应否包含违法性 [N]．检察日报，2007-05-08．

议——1909年2月在上海召开的万国禁烟大会将毒品界定为鸦片。世界上第一个禁毒公约——1912年《海牙禁止鸦片公约》，将毒品界定为鸦片、吗啡、海洛因、古柯等麻醉品。1936年《禁止非法买卖麻醉品公约》将毒品界定为麻醉品，并且第一次把非法制造、变造、提制、调制、持有、供给、兜售、分配和购买麻醉品等行为规定为国际犯罪，这是国际上第一次出现毒品犯罪这个概念。1948年，《关于修正以前订立的麻醉品协议、公约的议定书》，它扩大了原先毒品的范围。1961年《麻醉品单一公约》、1971年《精神药物公约》、1984年《管制麻醉品贩运和麻醉品滥用宣言》、1988年《联合国禁止非法贩运麻醉药品和精神药物公约》将毒品界定为麻醉药品、精神药物和经常用于非法制造麻醉药品或精神药物的物质。

总体来说，国际禁毒公约列举的毒品包括三类：① 麻醉品。它指1961年《麻醉品单一公约》及1972年《经修正1961年麻醉品单一公约的议定书》附表1或附表2所列的任何天然或合成物质，如鸦片、大麻、古柯植物等。② 精神药物。它指1971年《精神药物公约》附表1、附表2、附表3或附表4所列的任何天然或合成物质或任何天然材料，如安非他明、巴比士酸盐、非巴比士酸盐镇静剂和安定剂等。③ 经常用于非法制造麻醉药品或精神药物的物质。它指1988年《联合国禁止非法贩运麻醉药品和精神药物公约》附表1或附表2所列的物质，包括麻黄碱、麦角新碱、麦角胺、醋酸酐、丙酮和邻氨基苯甲酸等。

在世界各国刑法和单行法规中，也有不少采用列举的方式对毒品加以定义。英国《滥用毒品法》将毒品界定为麻醉品。法国《公共卫生法》、德国《麻醉品控制法》、加拿大《麻醉品管理法》等，以列举的方式将毒品定义为"受国家控制的麻醉药品"。[1] 美国《模范刑法典》《哈里森麻醉品法》等以列举的方式

---

[1] 罗文波.加拿大刑事法典[M].冯凡英，译.北京：北京大学出版社，2008：264.

确认，毒品是酒精、受控制的麻醉药品和其他药品。俄罗斯的刑法典将麻醉品和精神药品界定为毒品。日本现行刑法将列举的鸦片作为毒品，同时以单行法规进一步列举毒品，如大麻、兴奋剂、安非他明、麻醉药及安眠药等。加拿大《管制毒品与麻醉药品法》对"非法药品"以列举的方式作出规定。芬兰的刑法典则规定，毒品物质是《毒品物质法案》中涉及的毒品物质❶，实际上也是引用其他法律所列举的毒品，属于列举式的定义。

中国香港特别行政区的《危险药物条例》对毒品进行了明确的解释。由于危险药物有合法与非法之分，只有当其来于不法或用于不法时，才被视为毒品的危险药物。《危险药物条例》附表1的第1部列举了适用于毒品犯罪的危险药物，包括可卡因、海洛因、美沙酮、巴比妥、吗啡、药用鸦片、鸦片、鸦片水、古柯叶、罂粟秆、大麻等120种药物和物质。

中国澳门特别行政区第17/2009号法律在其附表1至附表4列举了依法管制的麻醉药品与精神药物，包括植物、物质和制剂；同时，为了惩治毒品犯罪，第17/2009号法律在其附表5和附表6中列举了依法管制的制毒原料，即可用作不法种植、生产或制造麻醉药品、精神药物的设备和材料。因此，第17/2009号法律主要就毒品本身和制毒原料做了规定。其中，关于毒品本身，第17/2009号法律按照各种植物、物质及制剂潜在的致命力、滥用后出现的症状的强烈程度、戒断所带来的危险性与对其产生依赖的程度，而分别列于附表1至附表4中。附表1包括1961年《麻醉品单一公约》的附表1、附表2及附表4所列植物、物质及制剂，共123种；附表2包括1971年《精神药物公约》的附表1、附表2及附表3所列植物、物质及制剂，共62种；附表3包括1961年《麻醉品单一公约》的附表3所列植物、物质及制剂，共8种；附表4包括1971年《精

---

❶ 肖怡译.芬兰刑法典[M].北京：北京大学出版社，2005：140-141.

神药物公约》的附表 4 所列植物、物质及制剂，共 61 种。第 17/2009 号法律附表 5、附表 6 则分别包括 1988 年《联合国禁止非法贩运麻醉药品和精神药物公约》的附表 1、附表 2 所列物质，分别为 14 种和 9 种。

1979 年，《中华人民共和国刑法》（以下简称《刑法》）第 171 条将毒品界定为鸦片、海洛因、吗啡或其他毒品；1990 年《全国人民代表大学常务委员会关于禁毒的决定》（以下简称《关于禁毒的决定》）将毒品界定为鸦片、海洛因、吗啡、大麻、可卡因，以及国务院规定管制的其他能够使人形成瘾癖的麻醉药品和精神药品。1997 年《刑法》第 357 条将毒品界定为鸦片、海洛因、甲基苯丙胺（冰毒）、吗啡、大麻、可卡因，以及国家规定管制的其他能够使人形成瘾癖的麻醉药品和精神药品。

2. 概括式

概括是形成概念的一种思维过程和方法，即从思想中把某些具有一些相同属性的事物中抽取出来的本质属性，推广到具有这些属性的一切事物，从而形成关于这类事物的普遍概念。概括式的毒品定义是从毒品这类物质中抽取其本质属性，形成能够推广到所有毒品类物质的一种定义方式。较为典型的概括式毒品定义如下：

加拿大刑事法典将"非法药品"定义为受控制的药品或者药品前体，进口、出口、生产、出售或者持有受到《管制毒品与麻醉药品法》的禁止或限制的。

1988 年，我国《精神药品管理办法》将毒品界定为国家依法管制的，能使人形成瘾癖的麻醉药品和精神药品。

3. 列举与概括并用式

中国台湾地区对毒品的定义是列举与概括并用式的典型代表。其"毒品危害防治条例"第 2 条第 1 款对毒品的定义："毒品，指具有成瘾性、滥用性及对社会危害性之麻醉药品与其制品及影响精神物质及其制品。"该定义概括阐释了毒品的定义，接下来的同条第 2 款又采取了列举的方式，根据各类毒品的成瘾性、滥用性和对社会危害性程度上的差别，将毒品分为四级。第一级包括吗啡、海洛因、鸦片、可卡因及其相类制品等；第二级包括古柯、大麻、罂粟、配西汀、安非他明、潘他唑新及其相类制品等；第三级包括异戊巴比妥、西可巴比妥、烯丙吗啡及其相类制品等；第四级包括二丙烯基巴比妥、阿普唑他及其相类制品等。为了适应毒品的发展趋势，该条例第 2 条特别规定："毒品之分级及品项，由'法务部'会同'行政院卫生署'组成审议委员会，每 3 个月定期检讨，报由'行政院'公告调整、增减之。"这使中国台湾地区关于毒品定义的规定具有极大的灵活性与科学性。

除上述三种定义外，有学者认为还存在法条式的定义方式，"毒品是根据我国新《刑法》第 357 条所规定的具有特定含义、范围和作用之物，不包括如砒霜和氯化物之类可直接致人死亡的剧毒物品"。[1] 有学者试图从毒品的特征角度来给毒品下定义，如"毒品是指国家依法管制或禁止滥用的能够成瘾癖的麻醉药品和精神药物"。[2]

笔者认为上述几种定义方式都存在不同程度的局限性。列举式定义虽然比较具体、明确，使人一目了然，但列举定义的限定性难以反映毒品的全部；同时，这种定义没有指出毒品的实质特征，无法与其他药品或嗜好品相区别。概括式定义虽然将毒品概括为麻醉药品或精神药品，但该种定义的法律特征不明确。法条定义虽然将列举式和概括式方法相结合，指明了我国毒品的主要种类及毒品的特

---

[1] 邱创教. 毒品犯罪惩治与防范全书 [M]. 北京：中国法制出版社，1998：11.
[2] 张洪成. 毒品犯罪争议问题研究 [M]. 北京：法律出版社，2011：15.

征，便于司法实践中认定和操作。但是根据法条式定义，在我国，鸦片、海洛因、冰毒、吗啡、大麻和可卡因是毒品，而国家规定管制的其他能使人成瘾的麻醉品和精神药品也是毒品，国际公约规定的受控制的麻醉药和精神药品还是毒品。虽然国际公约规定的是国际社会的统一概念，内容确定，但是因其附件中的内容过多，范围广泛而不易了解。特征型定义虽然可以归纳出毒品的三个特征，即毒品的成瘾性是毒品的本质特征，毒品的毒害性是其后果特征，毒品的违法性是其法律特征；但在司法实践中，很难根据这个定义准确迅速地判断某个物品是否是毒品。

笔者倾向于使用列举和概括相结合的开放式毒品的定义方法。列举式与概括式相结合既能指明现阶段我国毒品的主要种类，以便于禁毒实践中的认定和操作；又能概括出毒品的实质特征，以补充列举式的不足；同时，还能与国际公约公认的毒品定义基本吻合，以满足今后禁毒工作发展的需要，也有利于与国际公约接轨和国际禁毒合作的开展。❶ 如果再能够借鉴中国台湾地区的毒品定义模式，形成开放式的毒品定义，对毒品的分级和种类定期检讨、调整和增减，那么毒品定义也将具有灵活性的优点了。

毒品是一个难以定义的概念，它会随着时间、民族和地域等的变化而改变。因此，无论从医学角度、法学角度去认识，还是从社会学角度去认识，毒品都是一个相对的概念。应该说，毒品首先是一种药品，但有强烈的毒副作用。在一定的历史时期内，由于人们的认识水平和科技发展程度的限制，毒品与药品之间是没有严格界线的。使用适当，毒品就是药品；失控滥用，所谓药品也就是毒品。从毒品发展的历史来看，自然意义上的毒品已经存在几千年。然而，在19世纪之前，是不存在"毒品"这种说法的，毒品都是作为药品或其他无害的物质出现并加以使用的。比如，鸦片的原植物罂粟，原先产于南欧及小亚细亚。在公元前5世纪

---

❶ 崔敏. 毒品犯罪发展趋势与遏制对策 [M]. 北京：警官教育出版社，1999：35.

左右，希腊人把罂粟的花或果榨汁入药，发现它有安神、安眠、镇痛、止泻、止咳和忘忧的功效。❶ 鸦片传入中国，也是作为一种药材和调味品流入的。在后来漫长的几个世纪，甚至十几个世纪中，鸦片、大麻和古柯等都发挥着药材、调味品和祭祀品的作用，对社会来讲是无害的。现代社会所定义的毒品显然包含了负面的价值判断在其中。"毒品不是一个无色无味的中性名称，而是含有贬义的僭越社会规范的用语"。❷ 脱离了特定的社会对于毒品的价值判断，毒品其实是无毒的，是不存在的。从毒品的自然属性之一——医学属性来看，毒品从根本上来讲是一种药品，是用来治疗疾病、缓解疼痛的一种物质。而对这类药品的不正确使用或者滥用，给个人甚至整个人类社会带来负面影响，甚至灾难的时候，这类药品就被人们视为"毒品"了。

二、毒品的特征

关于毒品的特征，存在的观点主要有两特征说、三特征说和四特征说。

（一）两特征说

两特征说从毒品的自然属性和社会属性两方面进行分析，认为毒品有两个主要特征：药物依赖性（成瘾性）和严重的社会危害性。❸ 首先，药物依赖性

---

❶ 罗伊·波特，米库拉什·泰希.历史上的药物与毒品[M].北京：商务印书馆，2004.
❷ 许桂敏.扩张的行为与压缩的解读：毒品犯罪概念辨析[J].河南政法管理干部学院学报，2008(5).
❸ 武清华，张小华.我国毒品定义之重构[J].云南警官学院学报，2012(6)：28.

（成瘾性）是毒品的自然属性。无论是作为一种药品，还是药品之外的其他物质，医学界对毒品药物依赖性的毒理性界定，反映了毒品的自然属性。其次，严重的社会危害性是毒品的社会属性，也是毒品被列入刑法规制范畴的必要前提。如果只考虑药物依赖性（成瘾性），那么具有药物依赖性（成瘾性）的成瘾物质包括烟、酒和槟榔等众多嗜好品将被视为毒品，毒品的外延将不必要地被扩大。鉴于药物依赖性（成瘾性）的大小、对身体的伤害程度、该物质滥用可能性及滥用对社会的副作用大小、税收等综合考虑，只有具有严重的社会危害性的成瘾物质才被认为是毒品。严重的社会危害性属于主观价值评判范畴，不容易直观地把握，但可以从国家对成瘾物质的流通政策来判断某一具体的成瘾物质是否具有严重的社会危害性。烟、酒和槟榔等成瘾物质可合法流通，其本身就隐含了国家、社会整体对此类物质的危险评估和价值的整体判断。

（二）三特征说

三特征说从毒品的药理性和法律性的双重地位分析，认为毒品有三个主要特征：依赖性（成瘾性）、毒害性和违法性。[1] 依赖性（成瘾性）在医学上也被称为"药物依赖性"或"药瘾"，是指由于重复使用某种药物而产生的心理依赖或躯体依赖，或二者兼而有之的状态。毒害性与成瘾性相联系，成瘾性导致毒品滥用者长期吸毒，因而造成吸食者体内慢性中毒，产生各种不良反应。违法性是毒品的法律特征，只有违反有关成瘾性药品管理法规的药品，才能作为刑法意义上的毒品。

---

[1] 赵秉志. 毒品犯罪[M]. 北京：中国公安大学出版社，1998：3-4.

（三）四特征说

持四特征说者认为毒品具有以下特征。

（1）有一种不可抗拒的力量强制性地使吸食者连续使用该药，并且不择手段地去获得它。

（2）连续使用有加大剂量的趋势。

（3）对该药产生精神依赖性及躯体依赖性，断药后产生戒断症状。

（4）对个人、家庭和社会都会产生危害性的结果。

概括来讲，毒品具有四个基本特征：依赖性、耐受性、非法性和危害性。

第一，依赖性。它分为生理依赖性和心理依赖性两个方面。生理依赖性是指在某一段时间内不断地使用某种药物带来的生理上的变化，表现为一种周期性的或慢性的中毒状态，需要继续使用该药方能维持机体的基本生理活动，否则就会产生一系列机能紊乱和损害性反应（称为戒断症状或撤药反应）。生理依赖性的产生及其严重程度除了与吸毒者个体的生理、心理特点有关外，还与滥用药物的种类、用药时间、频度和剂量有关。研究发现，鸦片类毒品所产生的生理依赖性最为强烈，甚至从第一次用药后就会出现。用药者一般在停药8~12个小时后就会出现一系列的戒断症状。心理依赖性是指人在多次用药后所产生的在心理上、精神上对所用药物的主观渴求或强制性觅药的心理倾向。心理依赖性的产生有两个方面的动力：一是由以往用药所体验到的某种效果或感受，驱使用药者为不断追求这种效果或感受而产生继续使用该药物的强烈欲望；二是为了逃避停药时出现的烦躁、不安等心理反应而渴望继续用药。毒品的心理依赖性虽然表面上不如生理依赖性明显、强烈，但实际上其作用十分顽固，它是吸毒者在生理脱瘾后复吸率居高不下的最重要的原因。

第二，耐受性不断。使用同一种或同一类药物后，药用效果会出现退化现象，机体对该药物的反应迟钝、变弱，需要不断增加剂量才能获得与以前相同的效果。毒品的药物耐受性使多数吸毒者都会经历逐步增大每次吸毒剂量、缩短吸毒间隔时间，以及改吸食为静脉注射等过程。

第三，非法性。任何能形成瘾癖的麻醉药品和精神药品都对人体有积极参与和消极干预两方面的作用，即医疗作用和毒害作用，只有用于非法用途才称为毒品。我国法律规定，吸食毒品是违法行为必须受到法律处罚。走私、贩卖、运输、制造毒品，非法种植毒品原植物，非法持有毒品和强迫他人吸毒等行为是犯罪行为，必须予以严惩。

第四，危害性。毒品的泛滥不仅对吸毒者本人，而且对其家庭、社会都产生了极大的危害。

上述毒品的四个特征是相互联系的。依赖性和耐受性是毒品区别于其他毒物的自然特征；对吸食者本人、家庭及社会产生的巨大危害性，则是毒品的后果特征；为消除毒品的危害性，法律必然要规范和限制毒品的生产、流通、销售和使用，对违法犯罪活动加以惩处，因此非法性是毒品的法律特征。

另有一种四特征说认为，毒品的特征在于成瘾性、滥用性、违法性和危害性。[1]作为毒品的基本构成要素，滥用性是毒品概念中其他构成要素所不能代替的，具有质的规定性作用之一的基本特征。毒品的滥用性并非仅仅为纯医学上的不当使用药物，而同时具有深刻的社会学和心理学内容。首先，毒品的滥用性不同于毒品的成瘾性，虽然毒品的成瘾性是导致滥用的主要原因，甚至成瘾本身就是滥用，但滥用性与成瘾性仍然非属同一概念。成瘾性是毒品可使人产生身体依

---

[1] 麦买提·乌斯曼，阿里木·赛菲.毒品概念新探：滥用性——毒品的基本构成要素之一[J].前沿，2010(19)：80.

赖的药理属性，而滥用性是毒品专门用于精神刺激的用途属性。其次，毒品的滥用性也不同于毒品的危害性。一般而言，毒品的危害性包括对吸毒者本人身体的损害和对社会秩序的侵害两个方面，这两方面的危害又是通过滥用这一不当途径来实现的。因此，危害性体现在滥用毒品行为的结果特征，而滥用性则是产生危害结果的行为方式，属于手段特征。最后，毒品的滥用性又与违法性有明显的区别。许多论著都认为毒品的滥用就是非法使用，从而将毒品的滥用性这一特征归并在违法性中。但如果仔细分析不难看出，滥用性与违法性在外延上是有所不同的。虽然，现今的毒品滥用本身就是一种违法使用，但从历史的角度来看，滥用性比违法性产生得要早，而且现今的违法使用中也有很少一部分非滥用。

笔者认为，三特征说和四特征说对毒品的非法性和危害性都是认可的，其分歧在于：三特征说认为毒品具有成瘾性的特征，而四特征说则认为毒品还具有依赖性和耐受性的特征。实际上，依赖性或者耐受性是包括在易成瘾性里面的。

首先，毒品的易成瘾性是毒品的本质特征。成瘾性在医学上也称为"药物依赖性"或"药瘾"，是指由于反复使用某种药物而产生的躯体依赖或心理依赖，或二者兼而有之的状态，有的还产生耐药性。躯体依赖性是指反复用药物而使身体机能状态改变，中枢神经系统发生生理变化和生化变化，神经细胞适应了药物的存在而产生耐受性，以致用药者必须连续使用药物使其在体内保持一定的浓度，以保持身体机能状态的相对稳定。而当成瘾物被停用后，就会发生撤药综合症状，表现为头痛、烦躁不安、恶心呕吐、全身不适与神经功能障碍；严重者可引起意识障碍、昏迷和肢体抽搐，甚至虚脱致死。而当再度用药时，撤药综合征消失。由于反复使用该类药物，其药效逐渐减低，必须不断加大使用剂量，才能达到初次使用的效果，因此产生了耐药性。心理依赖性是指用药者心理上强烈渴望使用某类药物，使之兴奋或避免不舒服。药物依赖性或成瘾性是毒品的特性，也是导致滥用的主要原因。但这种依赖性的产生及其严重程度并不完全由该药物本身决定。因为用药者的个人的生理、心理和精神状态因素，也是药物依赖产生的重要原因。同样的药物或同一种毒品，对不同的人会产生不同的效果。事实也证明，有的人一次用药就上瘾，而有的人仅仅会出现恶心和呕吐现象；有的上瘾者可以戒断，而有的人不断戒后又不断上瘾。因此，不能简单地将依赖性或成瘾性归于毒品本身。

其次，毒品的毒害性是毒品的后果特征。毒害性与成瘾性相联系，成瘾性导致毒品滥用者长期使用，因而就使在滥用这些药物之后出现慢性中毒，产生各种不适症，如体力衰弱，智力减退，神经、大脑、呼吸、消化道和心血管等受到明显的损害，甚至出现精神错乱、中毒死亡等情况。毒品的心理毒性源于药物的心理依赖性，它是指毒品进入肌体后作用于大脑的精神系统，使人产生一种特殊的精神效应，并使使用者出现渴求使用药品的强烈欲望，驱使其不顾一切地寻求和使用该药物（医学上称为"寻觅"和"摄药行为"）。这种心理依赖性的危害很难消除，而且会令使用者难以自制，将寻觅毒品作为生存的唯一目标，以致失去理智而违法犯罪。

最后，毒品的违法性是毒品的法律特征。毒品的违法性表现在它是受国家管制或禁止滥用的特殊药品。毒品的范围包括麻醉药品和精神药物，其医用价值、药用价值表明它属于药品。这两类药品具有双重性：麻醉药品也称为镇痛药品，药用能镇痛，尤其对严重创伤的疼痛有效；精神药物是指能作用于中枢神经系统使之兴奋或抑制。如对这两类药品使用不当或滥用，则会使人产生药物依赖性，损害身体健康。国家有关药品管理的法律、法规是判断这些药品是否滥用的依据。我国适用的药品管理规范有两类，一类是国内现行的药品管理规范，如《药品管理法》《麻醉药品管理办法》《精神药品管理办法》等；另一类是我国加入的有关国际公约，主要是联合国 1972 年修正的《1961 年麻醉品单一公约》和《1971 年精神药物公约》等。根据这两类规范，国家对麻醉药品和精神药物的制造、运输、销售和使用，以及原植物的种植和易制这些药品的化学物品都做了严格的管制，禁止滥用。凡违反上述规定，用于非医疗、科研目的而制造、运输、贩卖、走私、使用麻醉药品和精神药物时，这些药品就是毒品；反之，则是药品。

因此，违法性是毒品的法律特征，在不区分合法与非法的情况下，难以认定某一物品是药品还是毒品。毒品的违法性更表现在它是法律规范明文禁止滥用的药品。上述法律、法规和国际公约对能用于毒品的药品的范围和种类作了明确的规定，并列出了附表。超出法规规定范围的药品，即使有成瘾性、毒害性也不能成为刑法意义上的毒品。例如，烟草中的尼古丁，其成瘾和海洛因的成瘾原理是一样的，但二者的药效不同，法律将海洛因规定为可能用于毒品的药品，而不会因尼古丁易使人成瘾而禁止烟草的生产和销售。国际组织、世界上大部分国家和我国的立法，都对麻醉药品和精神药物进行了严格的管制，将非法种植、生产、制造、运输、贩卖、走私、持有、吸食此类麻醉药品和精神的药物，以及走私、非法买卖易制毒化学品等行为规定为犯罪。

毒品的上述三个特征是相互联系的统一体，缺少任何一个特征也不可能成为毒品。如上所述，成瘾性是毒品的本质特征，毒害性是其后果特征，违法性是毒品的法律特征。成瘾性引起危害性，因而被法律规定予以管制禁止滥用；同时，只有国家有关麻醉药品和精神药物管理法规规定管制的两类药品，才是刑法意义上的毒品。

第二章 毒品的认定：数量、种类和纯度

一、毒品的数量问题

由于毒品数量在毒品犯罪中影响量刑的轻重，所以准确认定毒品交易的数量，对于打击毒品犯罪有极为重要的意义。关于毒品的数量问题，曾经引起较大争议的是不同种类毒品的折算。虽然公安部已经出台了解决不同类毒品换算标准问题的文件❶，但作为学理研究，对之前的争论进行梳理也是很有必要的。

---

❶ 具体而言，以下几类常见的新型毒品与海洛因之间的换算如下：
　1 克海洛因＝20 克氯胺酮（俗称"K 粉"）；
　1 克海洛因＝20 克美沙酮；
　1 克海洛因＝10 克替甲基苯丙胺（MDMA）（俗称"摇头丸""迷魂药"）；
　1 克海洛因＝10 克替苯丙胺（MDA）（俗称"摇头丸""迷魂药"药）；
　1 克海洛因＝1000 克三唑仑（俗称"蓝精灵"）；
　1 克海洛因＝1500 克安眠酮（又称"甲喹酮"）；
　1 克海洛因＝10000 克氯氮卓（俗称"利眠宁""绿豆仔"）；
　1 克海洛因＝10000 克地西泮（又称"安定"）；
　1 克海洛因＝10000 克艾西唑仑（又称"舒乐安定"）；
　1 克海洛因＝10000 克溴西泮（又称"宁神定"）。

（一）毒品数量折算

1. 区分说

持此论者认为，在计算毒品数量时，应当区分不同的情况用不同的原则进行换算和处理。论者基于2008年12月1日最高人民法院下发的《全国部分法院审理毒品犯罪案件工作座谈会纪要》（以下简称《纪要》）"对于刑法、司法解释没有规定量刑数量标准的毒品，有条件折算成海洛因的，参照国家食品药品监督管理局制定的《非法药物折算表》，折算成海洛因的数量后适用刑罚。对于国家管制的精神药品和麻醉药品，刑法、司法解释等尚未明确规定量刑数量标准，也不具备折算条件的，应由有关专业部门确定涉案毒品毒效的大小、有毒成分的多少、吸毒者对该毒品的依赖程度，综合考虑其致瘾性、戒断性、社会危害性等，依法量刑。因条件限制不能确定的，可以参考涉案毒品非法交易的价格因素，然后决定对被告人适用的刑罚。"《纪要》认为，对同行为不同种毒品的数量认定的处理原则如下。

（1）数量及量刑幅度相同的毒品，数量累加。因甲基苯丙胺及海洛因的量刑数量标准相同，针对这两种毒品所实施的犯罪行为是相等的，因此若行为人贩卖甲基苯丙胺54克，贩卖海洛因46克，则对行为人的量刑标准为贩卖海洛因100克或甲基苯丙胺100克。

（2）数量及量刑幅度均不同的毒品，因《刑法》及最高人民法院司法解释中仅仅规定了鸦片、海洛因、甲基苯丙胺、吗啡、可卡因等14种常见毒品的量刑数量标准，而国家卫生部规定的是700多种毒品。此时，有规定的按规定执行，没有规定的则按照最高法院《纪要》的说法，将刑法、司法解释没有规定量刑数量标准的毒品换算成海洛因。不具备折算条件的，由有关部门确定涉案毒品毒效的大小、吸毒者对其的依赖性等情节，综合考虑其社会危害性，从而定罪量刑。

因条件限制不能确定的,也可考虑其市场交易价格从而确定其适用刑罚。对于行为人针对不同毒品,基于一个或几个毒品犯罪的故意,实施了走私、贩卖、运输、制造两种或两种以上不同的行为,因触犯了一选择性罪名,故不实行数罪并罚,而应以一罪论处,累计毒品数量。应将没有具体规定定罪量刑标准的毒品,换算以海洛因为单位的对应数量,然后根据对应值,综合考虑其他情节定罪量刑。

2. 毒品危害说

毒品危害说是指按混合毒品中危害性最大的毒品种类为标准来定罪量刑。❶

3. 数量比重说

数量比重说是指按照数量最多、比重最大的毒品种类为标准来定罪量刑。

4. 毒品危害说为主,数量比重说为辅

"毒品危害说为主,数量比重说为辅"是指按混合毒品中危害性最大的毒品种类为标准来定罪量刑。当混合毒品是由多种毒性相当的毒品合成时,则按照数量最多、比重最大的毒品种类为标准来定罪量刑。

5. 折算说

折算说认为,混合型毒品犯罪应当以某一有明确量刑标准的毒品为参照物,将混合型毒品按一定比例折算,然后按照参照物的标准量刑。❷

---

❶ 汪敏,任志中.毒品犯罪案件中毒品数量的认定[J].华东刑事司法评论,2003(3):157.
❷ 王军,李树昆,卢宇蓉.破解毒品犯罪法律适用难题——毒品犯罪法律适用问题研讨会综述[J].人民检察,2004(11):30-32.

6. 综合说

综合说兼采毒品危害说和数量比重说，在具体量刑时，还要考虑毒品的纯度问题，即结合上述处理毒品的纯度与量刑的关系之原则来具体确定适用的刑罚。

笔者赞成区分说。

（二）在毒品灭失的情况下对毒品数量的认定

司法实践中常常遇到虽有相关的言辞证据但毒品已经灭失的贩毒案件，在此情况下，如何对毒品数量进行确认存在以下五种观点。

1. 交易双方认可数量论

毒品在客观上已经不存在或者无法查清时，按贩卖毒品交易双方均认可的数量来认定。被告人供述的毒品数量与其他购毒人的供述的毒品交易量一致，则以双方均供认的数量来定罪量刑。❶

2. 所有证言与口供一致论

在毒品灭失的情况下，交易相对方的证人证言、其他同案犯的口供等与犯罪嫌疑人、被告人的供述一致的，可以按照双方一致的供述、证言等认定毒品的数量并予以定案。有学者认为，在具备以下证据时，可以将行为人以前贩卖的但已经灭失的毒品数量计算在内。第一，犯罪嫌疑人对之前多次贩毒数量均予认可。

---

❶ 刘先武. 贩毒问题研究 [D]. 郑州：郑州大学，2006.

犯罪嫌疑人如实供述历次贩毒的时间、地点、数量和参与人员等情节时，仅凭被告人口供依法不能定案，仍须收集吸毒人员等证言，对吸毒人员在价格、数量、交易地点等内容与被告人的口供基本吻合时，可以二人共同陈述的数量认定。第二，犯罪嫌疑人及其同案人对毒品的去向、价格、数量等的供述基本一致时。第三，犯罪嫌疑人翻供时，如果对之前的供述提出异议，但既不能给出合理解释，又不能提供新的证据，其先前供述贩毒数量与吸毒人员证言证实的数量能相互印证时，应予以认定。❶

3. 证据补强论

在毒品灭失的情况下，仅有被告人供述且翻供的，不能仅凭被告人以前的供述确定毒品数量并予以定案。因为根据供述补强规则的要求，为担保补强供述的真实可信性而要求运用供述证据认定案件或案件主要事实时，必须有证据对其证明价值予以补强。❷ 我国《刑事诉讼法》第 46 条规定，当只有被告人供述，没有其他证据时，不能认定被告人有罪和处以刑罚。因此，在刑事诉讼中，运用被告人供述而认定其有罪时，必须慎重，不得仅根据被告人的供述对其定罪。在这种情况下，由于缺乏其他证据相互印证，不能定案。❸

4. 供述一致＋"就低不就高"论

在毒品灭失的情况下，当交易双方供述一致时，可以按照双方一致的供述认定毒品的数量并予以定案；若双方供述有毒品交易行为存在，但关于毒品的

---

❶ 宋萍. 贩卖毒品案件的证据运用与法律适用 [J]. 法治论坛, 2009(3).

❷ 樊崇义. 刑事证据法原理与适用 [M]. 北京：中国人民公安大学出版社, 2001：148.

❸ 张洪成. 毒品数量认定问题研究 [J]. 云南大学学报（法学版）, 2011(24)：86.

数量双方供述不一致时，对毒品的数量应当按照"就低不就高"的原则确定。这是刑事诉讼中排除合理怀疑的证明标准的要求。该标准认为，一个结论如果能够排除对它的合理疑问，它就具有确定性。这种确定性对于一个具有理智的人来说，显然具有合理的可接受性。当毒品交易双方的供述不一致时，采取"就低不就高"的原则具有合理的可接受性，因为它符合了排除合理怀疑的证明标准要求。❶

5. 推算论

对毒品已灭失的"摇头丸"类事件，可在认定涉案摇头丸粒数与品种的前提下，结合当地最近一段时期内查获摇头丸案件中同类摇头丸每粒的平均重量，依照"就低不就高"的原则推算出涉案摇头丸的数量。❷

二、毒品的纯度与含量

我国1997年修订的《刑法》规定，对毒品数量不以纯度折算，即毒品只要含有法律规定的有效成分，哪怕含量再低，也将全部被视为毒品。这样看来，毒品的纯度问题看来似乎没有进一步讨论的必要。但是，尽管有学者支持毒品数量不以纯度折算，理论界仍然普遍认为毒品数量不以纯度计算是存在很多问题的。

肯定说支持对毒品数量以纯度计算。

---

❶ 樊崇义. 刑事证据法原理与适用 [M]. 北京：中国人民公安大学出版社，2001：298.

❷ 参见《湖南省高级人民法院、湖南省人民检察院、湖南省公安厅关于办理毒品犯罪案件有关问题的指导性意见》。

社会危害性论认为，一定种类的毒品，其中真毒品的含量不同，可能造成的社会危害性大小也不同。如果把不同含量的犯罪毒品的总量作为量刑的数量依据，即把非毒品当成毒品来对待，就会造成罚不当罪。如果犯罪人能够提出证据证明其走私、贩卖、运输的毒品从他人手中获得时纯度较高，是自己为降低纯度而加以稀释或者掺杂使假，从而导致纯度下降而数量增加的，则应考虑适用原来的毒品数量。

量刑标准统一论认为，对于刑事立法而言，特定时期的刑事政策、犯罪的社会危害性和法律的可执行性，才是首先要考虑的问题。全国人大常委会《关于禁毒决定》规定的毒品数量标准是以纯净毒品为依据的，对毒品犯罪的处刑较重，对毒品数量标准规定的较低，都是以克为单位。例如，《关于禁毒决定》第2条规定，走私、贩卖、运输和制造海洛因50克以上，要处15年有期徒刑、无期徒刑或者死刑。如果对含有杂质的毒品不折算成纯净毒品，而把杂质也算在里面，不但会导致对犯罪人处刑过重的不良后果，还会出现处刑轻重悬殊的不合理现象。只有以折算成纯净毒品后的数量为准，才能避免此类问题。计算毒品的纯度和重量的做法，是为了以统一的标准计算不同犯罪中的毒品数量，以作为定罪量刑的标准，从而实现执法的公正。

质量统一论认为，任何具体事物都是质和量的统一体，毒品也是如此。[1] 毒品之所以是毒品，不仅是因为在某种物质内含有特定的毒性成分，还必须达到特定的量，才会有其特定的作用成为刑法意义上的毒品。质量统一论者提出了相对纯度标准值的概念，如海洛因的相对纯度标准值为5%。以该值为标准，高于该值的，不再折算；低于该值的，按照比例予以折算。

毒理差异论认为，各类毒品的性质和同种类毒品纯度的不同，其毒理作用

---

[1] 赵秉志. 毒品犯罪研究 [M]. 北京：中国人民大学出版社，1993：96.

也会表现出较大的差异。1克海洛因与1克大麻不能等同而论，5%的海洛因与80%的海洛因意义也不相同。毒品含量在一定程度上反映了某种毒品对社会危害程度❶，对毒品作准确的定量分析是必要的，能保证"稳、准、狠"地打击毒品犯罪，教育和挽救犯罪分子。若不制订标准对毒品予以折算，则会导致毒品向精制化和高纯度发展，而使犯罪分子所冒风险变小，处罚变轻，不利于同毒品犯罪做斗争。

否定说则支持刑法规定，对毒品数量不以纯度折算。

扩散论认为毒品犯罪之所以以毒品数量作为量刑的重要基点，其中的主要原因是毒品数量越多，扩散的范围就越广，导致吸食毒品的人越多，对社会带来的危害也越大。因此，毒品数量的大小是决定毒品犯罪社会危害性大小的决定因素，而毒品的纯度一般并不能影响毒品扩散面，也不必然影响吸食毒品的人数，所以毒品的纯度并不是决定毒品犯罪社会危害性的主要因素。

刑罚目的论认为，对毒品的纯度进行检验是为了确定涉案毒品的数量，这只是量刑的参考。在去掉"杂质"的同时，对行为人主观恶性的评价也相应降低了，与犯罪的主观意识明显不符；在篡改行为人对其行为危害性的认识程度的同时，也使刑法的主客观一致性的原则遭到破坏；违反了罪刑相适应的原则，从而造成罚不当罪。因为走私、贩卖、运输、制造毒品罪的保护客体在我国还是社会管理秩序，真正决定行为对社会的危害程度的还是毒品的数量。毒品的纯度虽然也很重要，但是仅在量刑方面具有一定的参考意义，没有实际决定行为社会危害性大小的意义。因此，不以毒品纯度折算毒品的数量，实际上还是根据设立该罪的目的来决定的。

域外司法对毒品犯罪中毒品数量和纯度的规定虽然较为严格和具体，但也存

---

❶ 曾喜田. 关于毒品犯罪中毒品定量问题的探讨 [J]. 广西法学，1995(4).

第二章 毒品的认定：数量、种类和纯度

在截然相反的两种倾向。英国毒品数量以纯度折算，其刑事法院量刑指南和其判例表明：走私海洛因的数量的计算基础是100%的纯度，走私海洛因500克以上，将处监禁10年以上；走私海洛因5千克以上的，处监禁14年以上。走私安非他命的数量的计算基础同样是100%的纯度，走私安非他命500克以下的，处监禁两年以下；走私安非他命500克～2500克，处监禁2~4年；走私安非他命2.5~10千克，处监禁4~7年；走私安非他命10~15千克，处监禁7~10年，走私安非他命15千克以上，处监禁10~14年。走私摇头丸5000粒以上的，处刑10年以上监禁，50000粒以上的，处刑14年以上监禁。摇头丸的数量计算标准是每粒含10毫克活性物质，若鉴定后表明有效成分不是10毫克的，则此活性物质的重量是决定性的。

美国毒品数量不以纯度折算。《联邦量刑指南手册》中的《毒品数量表》在脚注中规定："除非另有注明，表中所列的受管制物质重量是指任何混合物或物质的重量，此混合物或物质中含有可检测数量的受管制物质。如果混合物或物质中含有一种以上的受管制物质，则整个混合物或物质的重量被指定归属于导致更大罪级的受管制物质。'苯环哌啶、安非他命和甲基安非他命'是指混合物或物质中所含此受管制物质本身的重量"。同时，在第1条的注释9中规定："高纯度的受管制物质、复合物或混合物的交易可以成为加重责任的根据，本指南本身对纯度已有规定的苯环哌啶、安非他命和甲基安非他命除外。受管制物质的纯度，尤其是海洛因，可能与审判过程有关，因为它可以证明被告在贩运毒品整个环节中的作用或地位。因为贩运过程中受管制物质经常被稀释或掺和进其他物质，所以被告持有高纯度麻醉品的事实，足以说明其在犯罪行业中以及接近毒品来源方面的突出地位。由于数量庞大和高质量的纯度相伴，当涉及较少数量的毒品交易时，这个因素就特别能说明问题。"综上，美国在原则上对毒品数量不以纯度计算，

但除甲基安非他命及苯环哌啶等毒品外,如果折算成纯品量刑更重的,应当予以折算。

澳大利亚毒品数量不以纯度折算。《毒品滥用与贩卖法》(Drug Misuse and Trafficking Act),量刑时只考虑毒品的重量,毒品的纯度并不重要。1 克含 10% 海洛因、90% 葡萄糖的粉末被认为是 1 克纯的海洛因。

泰国毒品的数量根据纯度折算。泰国《麻醉品条例》规定:非法贩卖 100 克以下纯海洛因,判处五年至终身监禁,并处 5 万~50 万铢罚金;非法贩卖 100 克以上纯海洛因,判处死刑或终身监禁。

笔者认为,为了贯彻罪责刑相适应原则,对部分毒品进行纯度鉴定是很有必要的。从实践出发,主张目前先对三种案件的毒品作含量鉴定:一是可能判处被告人死刑的案件,即使只有海洛因一种毒品,也要鉴定其纯度;二是有证据证明毒品可能被大量掺假的案件;三是成分复杂的新型毒品案件。对于有证据证明大量掺假,经鉴定查明毒品含量极低,确有大量掺假成分的,在量刑时应酌情考虑。特别是掺假之后,毒品的数量达到判处死刑的标准的,对被告人可不判处死刑立即执行。对成分复杂的新类型毒品,应由专业部门鉴定毒品的毒效、有毒成分的多少、吸毒者对该毒品的依赖程度。因条件限制不能确定的,可以参考相关毒品非法交易的价格等因素,决定对被告人适用的刑罚,判处死刑时应当更加慎重。这样做,既有利于贯彻"少杀、慎杀"的政策,也有利于推动整个毒品犯罪案件的办案质量。建议在《刑法》第 357 条第 1 款后增加条款,明确规定:"查获的毒品不论数量多少,都应进行纯度的鉴定。"这有以下原因。

由于以前我国科学技术相对落后,毒品鉴定机构的仪器设备相对老旧,以及专业人员的缺乏,不能对涉案毒品进行纯度鉴定是情有可原的。但是,我国现在的技术水平不断提高,禁毒设备不断更新,大量的专业技术人员走入司法鉴定的队伍中。在这种情况下，仍然不能对涉案毒品进行纯度鉴定，实属不该。在国际社会，对毒品进行纯度及含量的鉴定已经成为大多数国家的通行做法，而我国还没有这方面的强制性及具体操作的相关规定。

  毒品纯度给予案件的侦查指明了方向，对于毒品犯罪分子后期的教育和改造也起了重要的作用。从侦查角度来说，"毒品纯度检验，除了能得到有效成分的含量外，还可通过对添加剂、同位元素的杂质的分析，为侦查人员确定毒品的来源、产地、合成方式提供一定的科学依据，为迅速侦破案件发挥重要作用。"[1] 从对教育和改造毒品犯罪分子的角度来看，涉案毒品是证实他们有罪的最有力的证据。一般情况下，犯罪分子对一当场被查获的重要物证有非常深刻的印象。对该毒品进行准确的定性及成分纯度分析，可以使他们更深刻地认识到自己给社会和人民造成的危害程度，从而认罪伏法，积极地接受教育和改造。这样做是刑事审判的必然要求。审判是司法活动的核心，法官通过毒品的纯度鉴定报告，可以准确查明犯罪事实，确定被告人的社会危害性大小，根据被告人涉案毒品的数量和纯度及其他情节综合衡量，确定刑罚。这样做会使刑事审判更为科学化、公正化，有利于司法的建设，社会的和谐稳定。

---

[1] 魏春明.毒品纯度与量刑问题研究[D].郑州：郑州大学，2004.

第三章 毒品犯罪的定义与分类

一、毒品犯罪的定义

(一) 法律定义

毒品犯罪是一个外延较广的概念,有关国际公约将其规定为一种国际犯罪,各国国内法也将其规定为犯罪。就毒品犯罪的定义而言,理论上的观点可谓"仁者见仁,智者见智"。目前,我国关于毒品犯罪定义的不同观点达九种之多。

第一种观点认为,毒品犯罪通常是一种跨国性的犯罪,对国际上的毒品犯罪定义,主张援用1988年《联合国禁止非法贩运麻醉药品和精神药物公约》第3条的规定。在中国,毒品犯罪是指违反国家关于毒品管制法规,从事与毒品有关的危害社会秩序和公民身心健康的活动,依法应当受到刑罚处罚的行为。

第二种观点认为,毒品犯罪是指违反国家禁毒法规,走私、贩卖、运输、制造毒品,以及从事与上述毒品犯罪直接相关的,或者与毒品有关的应受刑罚处罚

的犯罪行为，同时还认为毒品犯罪也是国际公约规定的国际犯罪。❶

第三种观点认为，毒品犯罪是指违反麻醉药品、精神药品管理法规，非法走私、贩卖、运输、制造、使用毒品，以及与非法走私、贩卖、运输、制造、使用毒品直接相关的破坏国家禁毒活动的行为。❷

第四种观点认为，毒品犯罪是触犯《关于禁毒的决定》，妨碍国家机关的正常管理活动，破坏社会秩序，危害人民的身心健康，甚至危害生命，应当受到刑罚处罚的行为。

第五种观点认为，所谓毒品犯罪是指违反毒品管理法规，非法走私、贩卖、制造、使用毒品、种植毒品原植物，以及与此直接有关的破坏国家禁毒活动、危害公民身心健康和社会治安秩序，依法应受刑罚处罚的行为。❸

第六种观点认为，毒品犯罪是指以毒品或者与犯罪有关的人和财物为犯罪对象，走私、运输、制造毒品，非法持有毒品，非法提供毒品，窝藏毒品，引诱、教唆、欺骗他人吸食、注射毒品，强迫他人吸食、注射毒品；容留他人吸食、注射毒品并出售毒品，非法种植毒品原植物和包庇毒品犯罪分子，窝藏毒品犯罪所得财物，以及走私用于制造麻醉药品和精神药品的物品的行为。❹

第七种观点认为，所谓毒品犯罪是指违反禁毒法规，破坏禁毒管制活动，应受刑罚处罚的行为。❺

第八种观点认为，虽然 1988 年 12 月 19 日联合国通过的《联合国禁止非

---

❶ 赵常青.中国毒品问题研究[M].北京：中国大百科全书出版社，1993：259.

❷ 桑红华.毒品犯罪[M].北京：警官教育出版社，1993：9.

❸ 赵秉志，于志刚.毒品犯罪[M].北京：中国人民公安大学出版社，1998：53.

❹ 云南省高级人民法院.惩治毒品犯罪理论与实践[M].北京：中国政法大学出版社，1993：365.

❺ 张洪成.毒品犯罪争议问题研究[M].北京：法律出版社，2011：5.

法贩运麻醉药品和精神药物公约》第3条规定，凡是故意违反《1961年麻醉品单一公约》及经修正的《1961年麻醉品单一公约》或《1971年精神药物公约》规定的各种行为称为毒品犯罪。但这一条的规定没有界定什么是毒品犯罪。世界上大多数国家的刑法和有关禁毒立法，均未对毒品犯罪概念进行界定，而只是对毒品犯罪的种类作了具体规定。同样，我国1997年《刑法》分则第六章第七节虽然规定了走私、贩卖、运输、制造毒品罪，但也没有对毒品犯罪下定义。

第九种观点认为，毒品犯罪是指违反禁毒管制法规及其他关于毒品、毒品原植物和易制毒化学品法律、法规，依法应受到刑罚处罚的行为。此种观点认为毒品犯罪具有以下特点：一是明确毒品犯罪所触犯的法律、法规，即有关毒品、毒品原植物和易制毒化学品管制的所有法律、法规，而不仅仅限定在国内法或国际公约或限定在国内行政法或刑事立法；二是明确毒品犯罪具有刑事违法性的特点，从而区别对上述管理法律规范的一般违法行为；三是明确了毒品犯罪是违反毒品、毒品原植物和易制毒化学品管制的法律、法规所构成的所有犯罪行为。❶

综观上述九种观点，笔者认为，第一种观点将毒品犯罪划分为国际上的毒品犯罪和中国的毒品犯罪，并将毒品犯罪的定义关键强调在与毒品有关的危害社会秩序和公民身心健康的活动上。其不足之处在于，它没有概括出毒品犯罪的全部内容。第二种观点将毒品犯罪分为走私、贩卖、运输、制造毒品，与其直接相关的犯罪，以及其他与毒品有关的应受刑罚处罚的犯罪行为。这种界定，从表面上涵盖了所有毒品犯罪，但实际上对于走私、贩卖、运输、制造毒品直接相关及其他与毒品有关的犯罪行为，其范围和犯罪种类仍不能确定。例如，盗窃毒品，抢劫、抢夺毒品的犯罪，非法持有毒品是否是属于直接相关的犯罪

---

❶ 张洪成. 毒品犯罪争议问题研究 [M]. 北京：法律出版社，2011：20.

或者与毒品有关的犯罪？以毒品犯罪行为方式出发概括毒品犯罪定义，无法包括所有毒品犯罪。第三种观点认为毒品犯罪是违反麻醉药品、精神药品管理法规，并强调国内法不再是行为是否具有刑事犯罪违法性的唯一根据。其局限在于，毒品犯罪是违反了《刑法》及有关禁毒法规的刑事违法性。在定义的表述上，以列举毒品犯罪方式界定毒品犯罪，显得冗长且无法包容所有的毒品犯罪。第四种观点的根本缺陷在于其反复强调所有毒品犯罪都必须触犯《关于禁毒的决定》，这将导致我国所缔结或参加的国际公约所规定的，我国有义务予以管辖；而《关于禁毒的决定》未予规定的国际毒品犯罪，则被排除在毒品犯罪的范围之外。第五种观点在界定毒品犯罪时出现了一个表述失误，即非法走私、贩卖、制造、使用毒品，种植毒品原植物中，非法走私、贩卖、运输、制造使用毒品是毒品犯罪的一种，显然是不妥当的。第六种观点用全部列举毒品犯罪的方法界定毒品犯罪定义，其缺点在于不仅没有揭示毒品犯罪的本质特征，而且忽略了毒品犯罪的刑事违法性和应受刑罚处罚的特征。第七种观点虽然概括出了毒品犯罪所具有的社会危害性和刑事违法性的特征，但毒品犯罪的违法性仅指违反禁毒法规，这显然不能全部概括出毒品犯罪所违反的法律和法规；而且禁毒法规是刑事法规、行政法规，还是一项专门法规？它是否应包括我国缔结参加的国际公约和我国《刑法》中有关毒品犯罪的条款，以及1987年、1988年我国颁布的《麻醉药品管理办法》和《精神药品管理办法》？如此界定无法确定这一问题，使毒品犯罪的违法性不明确。第八种观点认为，世界上大多数国家的刑法和有关禁毒立法，均未界定毒品犯罪概念，只有毒品犯罪的种类的具体规定，实际上是一种毒品犯罪定义虚无论,同时也是一种机械的法定论。这种观点认为，只有法律有明确规定的才是毒品犯罪的定义，不愿意从学理上去尝试给毒品犯罪下一个定义。第九种观点，也是从纯法学角度给毒品犯罪下的定义，概括出了毒品犯罪的刑事违法性的特征，未能揭示出毒品犯罪的社会属性，不能说明毒品犯罪社会危害性的深层根源。

笔者认为，界定毒品犯罪应当明确该类犯罪所违反的是毒品和毒品原植物管理，以及易制毒化学品管理法规，而不是单指一般的刑事法律；也不能将这些法规限制在禁毒立法范围内，因为禁毒法律只是毒品管理法律中的一部分；更不能仅仅将其限定在我国参加的国际公约的范围内，它必须涵盖毒品犯罪所违反的全部法律和法规。因此，毒品犯罪所违反的法规包括我国制定、施行的国内刑事法律和法规，如《刑法》《关于禁毒的决定》；国内有关毒品及毒品原植物和易制毒化学品管制的法规，如《麻醉药品管理办法》《精神药品管理办法》，公安部、卫生部《关于严禁非法种植罂粟的通知》《易制毒化学品进出口管理暂行规定》；同时，也包括我国所缔结和参加的国际上对毒品和易制毒化学品进行管制的公约。这些公约虽然不是我国惩治毒品犯罪时直接适用的法律依据，但是作为缔约国和参加国，我国有履行这些国际公约规定的有关义务。

此外，世界上有一些国家，对毒品犯罪违反的法律规范不局限在禁毒法规范围内。例如，法国毒品管理法包括了《公共卫生法》。其次，毒品犯罪的定义应强调其应受刑罚处罚的行为。因为毒品和毒品原植物及易制毒化学品管理法规，所规定的破坏其管制活动的行为并非全是犯罪行为，所以应强调毒品犯罪是应受刑罚处罚的行为。最后，毒品犯罪的行为方式也不宜在概念中表述。因为毒品管理法规所规定的各类犯罪均为毒品犯罪，没有必要再刻意在定义中强调走私、贩卖、运输、制造毒品犯罪的行为，而明显忽略或以其概括其他种类的毒品犯罪。

我国香港特别行政区的立法并未明确规定毒品犯罪的含义，但其《危险药物条例》对毒品犯罪的对象——毒品作了明确的解释。由于危险药物有合法与非法之分，只有当其来于不法或用于不法时，才被视为毒品的危险药物。《危险药物条例》附表1第1部列举了适用于毒品犯罪的危险药物，包括可卡因、海洛因、美沙酮、巴比妥、吗啡、药用鸦片、鸦片、鸦片水、古柯叶、罂粟杆、大麻等120种药物和物质。

我国澳门特别行政区第17/2009号法律第2章是关于惩治毒品犯罪的刑法规定，不法生产、贩卖、吸食麻醉药品及精神药物的行为均属于犯罪。因此，澳门特别行政区的毒品犯罪，是指违反《禁止不法生产、贩卖和吸食麻醉药品及精神药物》(第17/2009号法律)刑法规定的行为。

由于我国台湾地区惩治毒品犯罪的有关规定较多，其"毒品危害防制条例"等，均规定有相应的毒品犯罪行为，因而其毒品犯罪是指违反相关毒品管制规定关于毒品犯罪刑事责任规定的行为。

这些观点对于从理论上加深对毒品犯罪的研究，具有十分重要的价值。但是，在司法实务中，对毒品犯罪的认定和处理必须以法律，特别是以《刑法》的规定为依据。在我国《刑法》中，并没有关于毒品犯罪概念的规定。《刑法》只是在其分则第六章第七节规定了走私、贩卖、运输、制造毒品罪。如果严格按照《刑法》分则第六章第七节规定的小类罪名，应当叫作"走私、贩卖、运输、制造毒品罪"。但是，《刑法》分则第六章第七节规定的小类罪名本身是值得商榷的，因为这一罪名很难涵盖本节规定的所有具体罪名，它只是《刑法》第347条规定的罪名的概括，用该节中的某一条文的具体罪名作为小类罪名，在理论上和实践中都是欠妥的。因此，将《刑法》分则第六章第七节规定的犯罪概括为毒品犯罪比较合适。结合我国刑法理论界关于犯罪概念及其特征的界定，所谓毒品犯罪就是违反有关法律、法规关于毒品、毒品原植物和易制毒化学品管理的规定，危害毒品管制秩序，依照《刑法》规定应受刑罚处罚的行为。

综上所述，笔者认为，毒品犯罪的概念可表述为，毒品犯罪是指违反毒品、毒品原植物和易制毒化学品管理法规，破坏禁毒管制活动，依法应受刑罚处罚的行为。其特点在于：一是明确了毒品犯罪触犯了毒品、毒品原植物和易制毒化学品管制的法律、法规，不区别是违反国际公约，还是国内立法，是违反国内刑事法律，还是行政法规；二是强调毒品犯罪是应受刑罚处罚的行为，区别上述管理法律规范中的违法行为与犯罪行为；三是明确了涉及违反毒品、毒品原植物和易制毒化学品管制的法律、法规，所构成的犯罪和破坏国家禁毒活动的犯罪，均是毒品犯罪。

（二）形式定义、实质定义、形式与实质相结合的定义

有学者认为，"毒品犯罪的形式概念特指我国刑法所规定的有关毒品的犯罪构成，也是刑法学毒品犯罪概念。"[1]事实上，毒品犯罪的形式概念一般均是对具体的犯罪进行列举，而对毒品犯罪的社会危害性则明显认识不足。例如，第一类毒品犯罪的概念仅对毒品犯罪的核心罪名及衍生罪名做了概括，却未涉及此类犯罪的本质，即国家将这些行为规定为犯罪的依据问题。按照我国刑法理论，该类定义未涉及毒品犯罪的本质，即社会危害性的问题，而国际公约上的毒品犯罪的定义也存在同样的弊端。

从整体上看，形式概念在司法上具有操作的便利性，易于为实战部门掌握，但是其过于僵化。尤其是对于作为法定犯的毒品犯罪，由于其种类处在不断变化的过程中，如吸毒行为在有些国家属于犯罪，而有些国家则最多属于违法，甚至有的国家肯定其合法性，故通过列举犯罪种类的方式来界定毒品犯罪的概念，容

---

[1] 许桂敏.扩张的行为与压缩的解读：毒品犯罪概念辨析[J].河南政法管理干部学院学报，2008(5)：92.

易产生频繁变更的缺陷,是不明智的。

有学者认为,"毒品犯罪是一个外延极广的概念,在许多国家,毒品犯罪并不是刑法学的概念,而是犯罪学的概念。"❶ 只有从犯罪学的角度,才能为毒品犯罪提供实质的解释。换言之,符合刑法学的毒品犯罪,也一定充分满足了犯罪学上的毒品犯罪。只不过该处的毒品犯罪除了触犯刑律的犯罪行为之外,还有失范、越轨的违法行为。探究实质的毒品犯罪概念的立场应该是刑法学,不能脱离刑法而讨论这个问题,虽然犯罪学的方法可以为其提供一定的思路。"从毒品犯罪的规范性看,毒品犯罪是指违反我国禁毒法律、法规,非法进行走私、贩卖、运输、制造毒品等破坏禁毒管制活动,应受刑罚处罚的行为;而从犯罪学意义上的违反我国禁毒法律、法规,非法进行的麻醉药品、精神药品活动,具有社会危害性的违法、犯罪行为,是实质的毒品犯罪概念"❷。这种概念实际上也充分考虑了毒品犯罪的形式概念与实质概念,更类似于综合的概念,但其从不同角度论述社会危害性的观念,无疑属于实质的犯罪概念。

从我国刑法用语的规范性上看,刑法学上的毒品犯罪概念首先是一个以犯罪学为主要特征的概念,其次才是刑法学者对于刑法典中毒品犯罪立法的概括。从规范的角度看,毒品犯罪应当不属于严格的刑法学概念。因为在整个刑法学中,不存在毒品犯罪这个法律概念,而所谓的毒品犯罪是理论及实践上出于方便的考虑,对相关的涉毒行为所做的总括性称呼。如果要正确界定毒品犯罪的概念,必须从犯罪学意义上先确定其核心内涵,对其入罪化的根本原因进行分析。但如果从刑法学角度论证,所谓的毒品犯罪就应当属于类罪的范畴,即泛指所有涉及毒品的犯罪行为。具体而言,就是指我国《刑法》第 347 条至第 357 条所规定的

---

❶ 赵秉志,于志刚. 毒品犯罪 [M]. 北京:中国人民公安大学出版社,2003:50.

❷ 许桂敏. 扩张的行为与压缩的解读:毒品犯罪概念辨析 [J]. 河南政法管理干部学院学报,2008(5):92.

11个刑法条文中的12个罪名。但在具体的刑法条文中，却从未出现过毒品犯罪这个词语。毒品犯罪的概念也只是在一些司法解释或者司法解释性文件中出现过，而且所出现的毒品犯罪也并非完全指证这12个罪名，因此，对毒品犯罪的定义就处于一个开放的状态。

所谓毒品犯罪是指违反禁毒法规，破坏毒品管制活动，具有严重的社会危害性，依法应受刑罚处罚的行为。该定义综合考虑了毒品犯罪的实质概念与形式概念。从实质上讲，只有破坏毒品管制活动，具有严重的社会危害性的涉毒行为才能入罪；而从形式上讲，行为是否犯罪，应看其是否违反毒品管制法规，这突出了毒品犯罪的法定性特征。二者的结合就使毒品犯罪的概念既有抽象的规定性——社会危害性，又有具体的操作性——违反毒品管制法规。

二、毒品犯罪的分类

毒品犯罪的分类包括法定分类和学理分类。法定分类即法定的毒品犯罪种类，指立法者以毒品犯罪的存在和表现形式对毒品犯罪所进行的法律上的划分。学理分类是理论上对毒品犯罪所进行的种类划分。

（一）毒品犯罪的法定分类

我国毒品犯罪的法定分类主要体现在《刑法》和《关于禁毒的决定》上。1979年《刑法》关于毒品犯罪的种类集中体现在第171条，即制造、贩卖、运输鸦片、海洛因、吗啡或者其他毒品，理论上一般将其罪名概括为制造、贩卖、运输毒品罪。同时,1979年《刑法》第116条、第118条、第119条,《关于严惩破坏经济的罪犯的决定》第1条和《关于惩治走私罪的补充规定》第1条都明确规定,走私毒品的行为应定走私罪。1986年通过的《治安管理处罚条例》规定,非法种植罂粟毒品原植物的,给予拘留、罚款、警告等行政处罚;构成犯罪的,依法追究刑事责任,即规定了非法种植毒品原植物罪。

《关于禁毒的决定》规定的毒品犯罪罪名主要包括:第2条规定的走私、贩卖、运输、制造毒品罪;第3条规定的非法持有毒品罪;第4条第1款规定的包庇毒品犯罪分子罪;第4条第1款规定的窝藏毒品、毒赃罪;第4条第1款规定的掩饰、隐瞒毒赃性质、来源罪;第5条第1款规定的非法运输、携带制毒物品进出境罪;第6条规定的非法种植毒品原植物罪;第7条第1款规定的引诱、教唆、欺骗他人吸毒罪;第7条第2款规定的强迫他人吸毒罪;第9条规定的容留他人吸毒并出售毒品罪;第10条第2款规定的非法提供麻醉药品、精神药品罪。

1997年《刑法》在其第347条至第355条规定了一系列的毒品犯罪种类,所确立的毒品犯罪种类就是我国现有的毒品犯罪种类,主要包括第347条的走私、贩卖、运输、制造毒品罪;第348条的非法持有毒品罪;第349条的包庇毒品犯罪分子罪和窝藏、转移、隐瞒毒品、毒赃罪;第350条的走私制毒物品罪和非法买卖制毒物品罪;第351条的非法种植毒品原植物罪;第352条的非法买卖、运输、携带、持有毒品原植物种子、幼苗罪;第353条的引诱、教唆、欺骗他人吸毒罪和强迫他人吸毒罪;第354条的容留他人吸毒罪;第355条的非法提供麻醉药品、精神药品罪。1997年《刑法》关于毒品犯罪种类的规定基本上是对《关于禁毒的决定》的继承,只是增加了非法买卖、运输、携带、持有毒品原植物种子、幼苗罪,并对原有的窝藏毒品、毒赃罪和掩饰、隐瞒毒赃性质、来源罪作了调整。

我国香港特别行政区毒品犯罪法定分类主要体现在《危险药物条例》中。根据《危险药物条例》的规定，香港特别行政区毒品犯罪有以下具体罪名。

贩运毒品罪（《危险药物条例》第 4 条）：贩运危险药物、提出贩运危险药物或提出贩运他相信为危险药物的物质；做出或提出做出任何作为，以准备贩运或目的是贩运危险药物或他相信为危险药物的物质，即构成本罪。按公诉程序定罪后，可处罚款 500 万元港币及终身监禁；按简易程序定罪后，可处罚款 50 万元港币及监禁 3 年。

贩运假毒品罪（《危险药物条例》第 4A 条）：贩运其表示或显示为危险药物，但事实上并非危险药物的物质；提出贩运其表示或显示为危险药物，但事实上并非危险药物的物质；做出或提出做出任何作为，以准备贩运或目的是贩运其表示或显示为危险药物，但事实上并非危险药物的物质。不论表示指称或显示为危险药物的物质是否在香港，或将进口入香港，或是否被确定、据有或存在，即构成本罪。按公诉程序定罪后，可处罚款 50 万元港币及监禁 7 年；按简易程序定罪后，可处罚款 10 万元港币及监禁 1 年。

制造毒品罪（《危险药物条例》第 6 条）：制造危险药物、做出或提出做出准备制造或目的是制造危险药物的作为，即构成本罪。按公诉程序定罪后，可处罚款 500 万元港币及终身监禁。

持有毒品罪（《危险药物条例》第 8 条）：持有，也称管有、拥有或者藏有。未经合法许可而管有危险药物的，构成本罪。按公诉程序定罪后，可处罚款 100 万元港币，并在符合第 54A 条的规定下，可处监禁 7 年；按简易程序定罪后，可处罚款 10 万元港币，并在符合第 54A 条的规定下，可处监禁 3 年。

吸毒罪（《危险药物条例》第 8 条）：服用危险药物，即为通常所说的吸食毒品罪，它是指吸食、吸服、服食或注射危险药物的行为。《危险药物条例》规定，按公诉程序定罪后，可处罚款 100 万元港币，并在符合第 54A 条的规定下，可处监禁 7 年；按简易程序定罪后，可处罚款 10 万元港币，并在符合第 54A 条的规定下，可处监禁 3 年。

栽植、经营毒品原植物罪（《危险药物条例》第 9 条）：本罪包括下列行为：栽植大麻属植物或鸦片罂粟，供应、获取或提出供应、获取大麻属植物或鸦片罂粟；经营、处理或提出或宣称经营或处理大麻属植物或鸦片罂粟；将大麻属植物或鸦片罂粟进口入香港特别行政区或从香港出口，或作出任何作为，以准备该等进出口，或目的是该等进出口，不论该等大麻属植物或鸦片罂粟是否在香港，或是否被确定、据有或存在；管有大麻属植物或鸦片罂粟，除非该大麻属植物或鸦片罂粟是在过境途中。本罪按公诉程序定罪后，可处罚款 10 万元港币及监禁 15 年。

开设烟馆罪（《危险药物条例》第 35 条）：本罪是指开设、经营、管理或协助管理烟馆的行为。具体包括：① 在烟馆中出售危险药物以供人在其内吸食、吸服、服食或注射；② 就在烟馆内吸食、吸服、服食或注射危险药物收取费用或相等的价值；③ 由于他人在烟馆内吸食、吸服、服食或注射危险药物而直接或间接从中获得任何利益或好处。按公诉程序定罪后，可处罚款 500 万元港币及监禁 15 年；按简易程序定罪后，可处罚款 50 万元港币及监禁 3 年。

持有吸毒工具罪（《危险药物条例》第 36 条）：本罪是指管有任何适合于及拟用作吸食、吸服、服食或注射危险药物的管筒、设备或器具的行为。构成本罪的，可处罚款 1 万元港币，并在第 54A 条的规限下，可处监禁 3 年。

准许、出租场所用于毒品犯罪活动罪（《危险药物条例》第 37 条）：本罪是指任何场所或处所的拥有人、租客、占用人或管理人，准许或容受该场所或处所或其任何部分，开设、经营或使用作为烟馆，或作非法贩运或非法制造或储存危险药物之用；或明知该场所或处所或其任何部分将开设、经营或使用作为烟馆，或将作非法贩运或非法制造或储存危险药物之用，而以主事人或代理人身份出租或同意出租该场所或处所的行为。本罪公诉程序定罪后，可处罚款 500 万元港币及监禁 15 年；按简易程序定罪后，可处罚款 50 万元港币及监禁 3 年。

协助、教唆、怂使他人实施毒品犯罪活动罪（《危险药物条例》第 40 条）：协助、教唆、怂使或促致在香港以外犯有根据当地有效的相应法律可惩处的罪行，或做出准备进行或推动进行一项行为的作为。该项行为如在香港进行即构成危险药物的贩运或危险药物的制造。构成本罪的，按公诉程序定罪后，处罚款 10 万元港币及监禁 15 年；按简易程序定罪后，可处罚款 1 万元港币及监禁 3 年。

澳门特别行政区毒品犯罪法定分类体现在第 17/2009 号法律《禁止不法生产、贩卖和吸食麻醉药品及精神药物》中。根据澳门特别行政区《禁止不法生产、贩卖和吸食麻醉药品及精神药物》（第 17/2009 号法律）的规定，澳门特别行政区毒品犯罪具体有以下种类。

不法生产毒品罪（第 17/2009 号法律第 7 条）：本罪相当于我国内地的制造毒品罪，是指未经许可而种植、生产、制造、提炼或调制麻醉药品及精神药物的行为。构成本罪的处 5~15 年徒刑。

不法贩卖毒品罪（第 17/2009 号法律第 8 条）：本罪相当于我国内地的贩卖毒品罪，是指未经许可而赠送、准备出售、分发、让与、贩卖或以任何方式接受、运载、进口、出口、促成转运或不法持有麻醉药品及精神药物的行为。构成本罪的处 3~15 年徒刑。

准备制毒设备和物料罪（第 17/2009 号法律第 9 条）：本罪是指未经许可而生产、制造、进口、出口、转运、运载、交易或分发将用作不法种植、生产或制造麻醉药品及精神药物的设备、材料的行为。构成本罪的处 2~10 年徒刑。此外，第 17/2009 号法律第 10 条、第 11 条分别规定了上述 3 个罪名的加重和减轻处罚情节。对此，也有人认为是两个罪，一个是轻微的贩毒罪，一个是严重的贩毒罪。

怂恿他人吸毒罪（第 17/2009 号法律第 12 条）：本罪是指公开或私下怂恿他人不法使用毒品或者对他人不法使用毒品给予方便的行为。构成本罪的处最高 3 年徒刑或科处罚金。

滥用职权罪（第 17/2009 号法律第 13 条）：本罪是指负责管理禁止使用的药品的一些人滥用自己的职业向别人提供毒品的行为，主要包括为治疗之目的但在无医生处方的情况下使用毒品；医生、药剂师等违反法定的禁止规定，将毒品交付未成年人或明显患有精神病的人。构成本罪的，分别处最高 1~3 年徒刑，或科处罚金。

吸毒罪（第 17/2009 号法律第 14 条）：本罪是指不法吸食麻醉药品及精神药物，或者为供个人吸食而不法种植、生产、制造、提炼、调制、取得或持有麻醉药品及精神药物的行为。构成本罪的处最高 3 个月徒刑，或科处最高 60 日罚金。

持有吸毒器具、设备罪（第 17/2009 号法律第 15 条）：本罪是指意图吸食麻醉药品及精神药物而不适当持有任何器具或设备的行为。构成本罪的处最高 3 个月徒刑，或科处最高 60 日罚金。

允许他人生产、贩卖、吸食毒品罪（第 17/2009 号法律第 16 条）：本罪是指允许他人在公众或聚会地方不法生产、贩卖及吸食麻醉药品及精神药物的行为。构成本罪的视法定的不同情节处相应的徒刑。

加重违令罪（第 17/2009 号法律第 17 条）：本罪是指已经被警告其行为的刑事后果者，拒绝遵从有权限当局或公务员关于管制毒品的命令，或拒绝出示有权限当局或公务员要求出示的毒品管制的文件的行为。构成本罪的处相应于加重违令罪的刑罚。

我国台湾地区惩治毒品犯罪的有关规定包括"毒品危害防制条例"等规章制度，其毒品犯罪行为和具体罪名也分别体现在具体的相关规定之中，因而其毒品犯罪种类可以分述如下。

1."刑法典"中的毒品犯罪罪名

我国台湾地区"刑法典"分则第20章设专章规定了鸦片罪，共包括以下10个具体罪名：①制造毒品罪（第256条）；②贩卖、运输、输入毒品罪（第257条）；③制造、贩卖、运输吸食鸦片之器具罪（第258条）；④帮助他人吸食毒品罪（第259条）；⑤栽种罂粟罪（第260条）；⑥贩卖、运输罂粟种子罪（第260条）；⑦公务员强迫他人栽种罂粟或贩运罂粟种子罪（第261条）；⑧吸毒罪（第262条）；⑨持有毒品、吸毒器具罪（第263条）；⑩公务员包庇烟毒罪（第264条）。

2."毒品危害防制条例"中的毒品犯罪罪名

我国台湾地区"毒品危害防制条例"规定了以下毒品犯罪罪名：①制造、运输、贩卖毒品罪（第4条）；②制造、运输、贩卖专供制造或施用毒品之器具罪（第4条）；③意图贩卖而持有毒品罪（第5条）；④意图贩卖而持有专供制造、施用毒品之器具罪（第5条）；⑤强迫、胁迫、欺瞒他人吸毒罪（第6条）；⑥引诱他人吸毒罪（第7条）；⑦转让毒品罪（第8条）；⑧吸毒罪（第10条）；⑨持有毒品罪（第11条）；⑩持有专供制造、施用毒品之器具罪（第11-1条）；⑪栽种毒品原植物罪（第12条）；⑫运输、贩卖毒品原植物种子罪（第13条）；⑬持有、转让毒品原植物种子罪（第14条）；⑭公务员庇护毒品犯罪分子罪（第15条）。

3. "管制药品管理条例"中的毒品犯罪罪名

我国台湾地区"管制药品管理条例"本身并未创设新的毒品犯罪罪名,只是在其第 37 条规定,违反该条例而输入、输出、制造、贩卖第一级、第二级管制药品者,除依"毒品危害防制条例"处理外,还应处以新台币 15 万元以上 75 万元以下罚款。

4. "陆海空军刑法"中的毒品犯罪罪名

我国台湾地区"陆海空军刑法"第 77 条明确规定:"现役军人违反毒品危害防制条例之规定者,依其规定处理之。"同时,为了惩治吸毒、饮酒后驾驶动力交通工具的行为,该特别刑法还规定了一个与毒品犯罪相关的罪名,其中第 54 条规定:"服用毒品、麻醉药品、酒类或其他相类之物,不能安全驾驶动力交通工具而驾驶者,处 1 年以下有期徒刑、拘役或新台币 10 万元以下罚金。因此而致人死者,处 1 年以上 7 年以下有期徒刑;致重伤者,处 6 月以上 5 年以下有期徒刑。"这就是我国台湾地区"陆海空军刑法"中的吸毒后驾驶罪。

(二)毒品犯罪的学理分类

刑法对毒品犯罪作了较为简单的规定,为进一步深入研究毒品犯罪,我们应当对毒品犯罪进行类型上的划分,以便建立较完备的毒品犯罪刑罚体系。刑法学界为了明确刑法中毒品犯罪的体系,将毒品依据不同的标准而做出了不同的分类,具体有以下十种。

第一种将毒品犯罪分为三种类型:① 经营型的毒品犯罪,包括走私毒品罪,贩卖、运输、制造毒品罪；非法运输、携带制毒物品进出境罪以及非法种植毒品原植物罪。② 包庇、窝藏，持有型的毒品犯罪，属于这一类的毒品犯罪有包庇毒品犯罪分子罪，窝藏毒品罪，窝藏毒品犯罪所得财物罪；掩饰、隐瞒出售毒品所获财物的非法性质和来源罪，以及非法持有毒品罪。③ 诱使、迫使、帮助他人吸食、注射毒品的犯罪，具体包括引诱、教唆、欺骗他人吸食、注射毒品罪，强迫他人吸食、注射毒品罪及非法提供毒品罪。

第二种将毒品犯罪分为四种类型：① 非法生产毒品方面的犯罪，具体包括非法种植毒品原植物罪、非法制造毒品罪；非法运输和携带制毒物品进出境罪。② 非法流通毒品方面的犯罪，有走私毒品罪、贩卖毒品罪、运输毒品罪及非法提供吸食毒品罪。③ 非法消费毒品方面的犯罪，包括诱骗、强迫他人吸食毒品罪。④ 其他毒品犯罪，这一类犯罪有非法持有毒品罪、包庇毒品犯罪分子罪、窝藏毒品犯罪分子罪、窝藏毒品或者相关犯罪所得财物罪，掩饰售毒所得财物的非法性质和来源罪。

第三种将毒品犯罪分为四种类型：① 毒品来源方面的犯罪，包括走私毒品罪、制造毒品罪、非法种植毒品原植物罪、走私制毒化学物品罪及非法提供毒品罪。② 毒品的流通、扩散方面的犯罪，包括吸毒罪、运输毒品罪、容留他人吸毒罪与强迫他人吸毒并出售毒品罪。③ 引起吸毒方面的犯罪，包括唆使他人吸毒罪与强迫他人吸毒罪。④ 毒品非法持有方面的犯罪，包括窝藏毒品罪、包庇毒品犯罪分子罪、窝藏毒品犯罪所得财物和隐瞒毒品所得财物的非法来源罪。

第四种分为三种类型：① 走私、贩卖、运输、制造毒品及其相关犯罪，包括非法持有毒品罪，走私、贩卖、运输、制造毒品罪，走私用于制造麻醉品，精神药品的物品罪，非法种植毒品原植物罪。② 妨害司法机关禁毒活动的犯罪，包括包庇毒品犯罪分子罪、窝藏毒品罪、窝藏毒品犯罪所得财物罪。③ 有关滥用毒品的犯罪，包括引诱、教唆、欺骗他人吸食、注射毒品罪，强迫他人吸食、注射毒品及非法提供毒品罪。

第五种分为四种类型：① 关于非法生产毒品的犯罪，具体有非法种植毒品原植物罪、制造毒品罪。② 关于非法经营毒品的犯罪，包括走私毒品罪、运输毒品罪、非法运输和携带制毒物品进出境罪、非法持有毒品罪。③ 直接刺激毒品滥用的犯罪，包括引诱、教唆、欺骗他人使用毒品罪，强迫他人使用毒品罪，非法提供毒品罪。④ 妨害司法机关禁毒活动的犯罪，包括包庇毒品犯罪分子罪，窝藏毒品或者毒品犯罪所得财物罪，掩饰、隐瞒出售毒品获得财物的非法性质和来源罪。

第六种分为四种类型：① 经营型毒品犯罪，包括走私、运输、贩卖、制造毒品罪，走私制毒物品罪，非法种植毒品原植物罪。② 持有型毒品犯罪，指非法持有毒品罪。③ 包庇、窝藏型毒品犯罪，包括包庇毒品犯罪分子罪，掩饰、隐瞒出售毒品获得财物的非法性质和来源罪。④ 诱使、迫使、帮助他人吸用毒品的犯罪，包括引诱、教唆、欺骗他人吸食、注射毒品罪，强迫他人吸食、注射毒品罪，非法提供毒品罪。

第七种将毒品犯罪分为四类：① 经营牟利型毒品犯罪，具体包括走私、贩卖、运输、制造毒品罪（《刑法》第347条），走私制毒品罪（《刑法》第350条），非法种植毒品原植物罪（《刑法》第351条），非法买卖、运输毒品原植物种子、幼苗罪（《刑法》第352条）。② 持有型毒品犯罪，具体包括非法持有毒品罪（《刑法》第348条），非法携带、持有毒品原植物种子、幼苗罪（《刑法》第352）。③ 妨害司法机关禁毒活动的犯罪，具体包括包庇毒品犯罪分子罪（《刑法》第349条），窝藏、转移、隐瞒毒品毒赃罪（《刑法》第349条）。④ 帮助毒品消费的犯罪，具体包括引诱、教唆、欺骗他人吸毒罪（《刑法》第354条）及非法提供麻醉药品、精神药物罪（《刑法》第355条）。

第八种将毒品犯罪分为两种类型,第一种类型是常见的毒品犯罪,包括走私、贩卖、运输、制造毒品罪;非法持有毒品罪;走私易制毒化学品罪与非法买卖易制毒化学品罪;非法种植毒品原植物罪;引诱、教唆、欺骗他人吸毒罪。第二种类型是不常见的毒品犯罪,包括非法买卖、运输、携带、持有毒品原植物种子或幼苗罪;包庇毒品犯罪分子罪;窝藏、转移、隐瞒毒品、毒赃罪;强迫他人吸毒罪;容留他人吸毒罪;非法提供麻醉药品、精神药品罪。

第九种把毒品犯罪分为消费型、经营型、持有型和破坏禁毒活动型四类。消费型毒品犯罪包括引诱、教唆、欺骗他人吸毒罪,强迫他人吸毒罪,容留他人吸毒罪,非法提供麻醉药品、精神药品罪;经营型毒品犯罪包括走私、贩卖、运输、制造毒品罪,走私制毒物品罪,非法买卖制毒物品罪,非法种植毒品原植物罪,非法买卖、运输、携带、持有毒品原植物种子、幼苗罪;持有型毒品犯罪主要指非法持有毒品罪;破坏禁毒活动型毒品犯罪包括包庇毒品犯罪分子罪,窝藏、转移、隐瞒毒品毒赃罪和洗钱罪。

第十种把毒品犯罪分为传统型毒品犯罪和新型毒品犯罪。传统毒品一般指鸦片、海洛因等流行较早的毒品。新型毒品是相对传统毒品而言,主要指冰毒、摇头丸等人工化学合成的致幻剂、兴奋剂类毒品,在我国主要从20世纪末、21世纪初开始在歌舞娱乐场所中流行。这些年新型种类日趋增多,除常见的冰毒、摇头丸等苯丙胺类毒品外,氯胺酮(K粉)、麻古、三唑仑、咖啡因等人工合成的精神类新类型毒品也迅速流行。

综上十种对毒品犯罪的分类,其划分方法是否能科学地体现各种毒品犯罪归为一类后所具备的共同的特征,而且每一类毒品犯罪的名称是否符合我国刑法对毒品犯罪的具体规定,笔者认为均有待商榷,但笔者倾向于第九种分类观点。第一种观点的不足之处在于,其第二种类型的归纳将持有型毒品犯罪与包庇、窝藏毒品犯罪分子等罪划为一类，不能说明这一类型毒品犯罪的共同特征。第二种观点的不足之处在于，将非法提供毒品罪归纳命名为非法经营型毒品的犯罪一类，显然是不恰当的；同时，这种观点在具体分类时，并未突出其优点。第三种观点的不足之处在于，将走私毒品罪归为毒品来源方面的犯罪，而不是归为其划分的毒品的流通、扩散方面的犯罪。第四种观点的不足之处在于，其第①种类型的划分，"走私、贩卖、制造、运输毒品及相关犯罪"只是将刑法条文规定的内容合并在一起，可以说是未作分类。第五种观点的不足之处在于，将非法持有毒品罪硬性归到经营毒品的犯罪类型，显然持有毒品不等于有经营的目的和行为。第六种观点的不足之处在于，其第④类型的分类只是同一刑法条文所规定的内容并在一起，同时又用诱使、迫使、帮助他人吸食毒品犯罪做概括分类，无法将教唆、欺骗容留他人吸食、注射毒品罪包括在内。第七种观点的不足之处在于：其一，其第④类划分为帮助毒品消费的犯罪，并将《刑法》第353条规定的强迫他人吸毒罪也归纳在内，而强迫他人吸毒与帮助毒品消费有性质上的区别；其二，将《刑法》第352条规定的非法买卖、运输、携带、持有毒品原植物种子、幼苗罪分割成经营牟利型毒品犯罪中的非法买卖，运输毒品原植物种子、幼苗罪，这种划分人为地增加了有关毒品犯罪刑法法定的罪名，显然不妥。第八种观点的不足之处在于，它将毒品犯罪简单地划分为常见的毒品犯罪和不常见的毒品犯罪，这实际上等于没有划分，因为常见与不常见是动态的、是可以转化的。笔者认为，上述几种毒品犯罪类型的划分，仅仅是就我国毒品犯罪立法中各种具体犯罪的立法条文进行的罪名归类。尽管每一种观点的种类划分，都力求全面概括出具有相同犯罪特征的一类毒品犯罪，然而上述每一种毒品犯罪的分类都各有不足。第九种观点有助于我们全面认识和把握毒品犯罪。之所以对毒品犯罪进行这种分类，主要是这个分类标准反映的是不同毒品犯罪的不同社会危害，不同的毒品犯罪行为存在不同的社会危害。比如，营利性的毒品犯罪是危害最大的犯罪，因为其营利性会使得这些毒品犯罪行为的感染性、牵连性、罪恶性都比其他犯罪要大。破坏性毒品犯罪总体来说只是毒品犯罪的辅助行为，不算毒品犯罪里面的核心行为。持有型毒品犯罪则基本上是营利性毒品犯罪的推定行为。因此，这种分类能够反映毒品犯罪和其他犯罪不同的特点，清楚地揭示毒品犯罪的内部结构和存在形态，有利于我们对毒品犯罪的认识和法律实践的开展。

第四章 毒品共同犯罪问题研究

一、毒品共同犯罪的概念和成立条件

毒品共同犯罪是毒品犯罪和共同犯罪的交叉概念。若成立毒品共同犯罪,既要满足毒品犯罪的成立条件,也要满足共同犯罪的成立条件。关于毒品共同犯罪的概念和成立条件的观点,理论界存在以下六种说法。

观点一:所谓毒品犯罪的共同犯罪,是指两人以上共同故意实施毒品犯罪的行为。具体而言,成立毒品犯罪的共同犯罪,其人数必须为两人以上,主观方面必须为故意;成立范围必须涵盖毒品犯罪的12个具体罪名;行为方式表现为包括实行、帮助、教唆等在内的"实施"方式。[1]毒品共同犯罪属于共同犯罪、毒品犯罪的下位概念,因此其概念的界定必须以共同犯罪、毒品犯罪等上位概念的认定为前提。从刑法的规定来看,共同犯罪的成立在犯罪人数、意思联络、主观罪过等方面均有特定的质量要求。同样,刑法对毒品犯罪设置了11个条文,规定了12个具体的罪名,因此界定毒品犯罪的共同犯罪,就不能仅局限在走私、

---

[1] 张洪成. 毒品犯罪共犯成立问题研究 [J]. 石河子大学学报(哲学社会科学版), 2013(3): 68.

贩卖、运输、制造毒品罪、非法持有毒品罪等常见罪名上❶，而必须考虑其涵盖性。该观点认为构成毒品犯罪共同犯罪的条件如下。

第一，主体必须两人以上。在两人以上均为自然人的情况下，必须都达到相应的刑事责任年龄，并且具备相应的认识控制能力。就毒品犯罪而言，如果涉及贩卖毒品罪的共同犯罪，则自然人刑事责任年龄只需达到 14 周岁，其他犯罪的刑事责任年龄均为 16 周岁。如果犯罪一方是单位的，则自然人刑事责任年龄的规定不变，而单位则要根据法律条文有无明确规定其可以成为犯罪主体来确定。在毒品犯罪所有罪名中，单位可以成为犯罪主体的有走私、贩卖、运输、制造毒品罪，走私制毒物品罪，非法买卖制毒物品罪，非法提供麻醉药品、精神药品罪。也就是说，如果共同犯罪至少有一方涉及单位犯罪的，那么其成立范围也只能在这四个罪名中。

第二，存在共同的犯罪故意。这表明毒品共同犯罪的行为人在主观上必须都是故意，而且行为人之间还要存在意思联络。首先，各毒品共同犯罪人必须都认识到行为的内容、社会意义与危害结果。这里的社会意义是指危害结果只要行为人具有认识的可能性即可，不必明确知道。也就是说，只要具备抽象性认识，在认识上述因素的前提下，行为人都希望或者放任危害结果的发生。其次，各共犯人必须认识到自己不是孤立地实施毒品犯罪，而是与其他人一起共同实施毒品犯罪。

第三，各共犯人共同实施了犯罪行为。在客观行为上，不一定要求行为人必须都实施了构成要件所要求的实行行为，根据不同的共犯种类，行为人可以实施相应的帮助、教唆、实行等行为。对这些行为的具体界分，通过构成要件理论就可顺利解决。另外，与当前的刑法理论发现相对应，该观点认为，在对共同实施

---

❶ 张明楷. 刑法学 [M]. 北京：法律出版社，2007：312.

犯罪行为的理解上，应当借鉴部分犯罪共同说的观点。❶

观点二：将毒品共同犯罪限定在走私、贩卖、运输、制造毒品罪及非法持有毒品罪这两个具体罪名之间。❷

观点三：两个以上具有刑事责任能力的主体，在达成协作实施毒品犯罪的合意支配下，共同实施毒品犯罪行为。持该论断者认为，毒品共同犯罪与共同犯罪是特殊与一般的关系，毒品共同犯罪的构成当然应当符合共同犯罪构成的一般理论，因而构成毒品共同犯罪须具备以下要件。

第一，主体要件。实施毒品犯罪的主体须是两个以上达到刑事责任年龄具有刑事责任能力的人，既可以是自然人，也可以是单位。

第二，主观要件。犯罪分子必须有共同进行毒品犯罪的故意。所谓实施毒品犯罪的共同故意，要求实施毒品犯罪行为的各共同犯罪人都必须具有共同犯罪的故意，也就是对犯罪的结果的发生，都抱着希望和放任的态度。其犯意为各被告人之间相互沟通，每个人单独的犯意及意志，由于共同的期望和放任使之联结成为一个整体的故意。这个整体的故意就是针对同一的犯罪结果，在实施走私、贩卖、运输、制造毒品犯罪的过程中，各个犯罪主体都意识到自己不是孤立的犯罪，是与其他犯罪主体配合而追求同一犯罪结果。

第三，客观要件。各共同犯罪主体必须具有毒品共同犯罪的行为，即行为人必须共同实施了刑法规定的 12 种毒品犯罪行为中的一种或多种行为，但不要求必须是同一或者特定的犯罪行为。

观点四：毒品犯罪的共同犯罪，是指两人以上共同走私、贩卖、运输、制造、

---

❶ 刘宪权，杨兴培．刑法学转论[M]．北京：北京大学出版社，2007．

❷ 郑蜀饶．毒品犯罪的法律适用[M]．北京：人民法院出版社，2001：191．

窝藏、非法持有鸦片、海洛因等毒品或进行其他毒品犯罪。❶

第一，主观上必须具备共同故意，即共同犯罪人明知是毒品犯罪而故意去为之。这种共同故意表现为共犯者之间在主观上有共同的目的，在意思联络上有明通或暗通，在危害意识方面有一定的联系。但这种联系并不要求每个共犯者都彼此认识和共同策划，只要共犯者知道自己是在与共犯中的某个人或某几个人共同实施同一目的的毒品犯罪即可。

第二，毒品犯罪的共犯对共同实施的毒品犯罪行为所引起的危害结果都应当有预见，都希望或者放任共同犯罪结果的发生。这种预见并不要求共犯预见到犯罪结果的必然性，只要求预见到犯罪结果的可能性。毒品犯罪分子只要能预见到毒品犯罪的危害结果，无论毒品是否走私、运输、贩卖成功，均不影响定罪。也就是说，在运输途中或贩卖之前查获，均可视为犯罪既遂。

第三，毒品犯罪的共犯在客观上必须有共同犯罪的行为，这种行为既包括走私、贩卖、运输、制造毒品的行为及其他毒品犯罪行为，也包括出资金、出计谋、为完成毒品犯罪提供各种方便的行为。这种行为实质是全体共犯各自行为彼此联系、互相配合、有机统一起来的危害行为整体。

第四，毒品共犯对共同的行为对象毒品都必须信以为真，在毒品犯罪者主观预料之外鉴定出是假毒品不影响共同犯罪的成立。如果故意以假毒品欺骗他人的，则不能构成本罪的共犯。

第五，年满14周岁、不满16周岁的人，可以成为走私、贩卖、运输制造毒品共犯的主体。依法从事生产、运输、管理、使用国家管制的麻醉药品、精神药品的单位和人员，可以成为非法提供毒品罪及走私、贩卖、运输、制造毒品罪共犯的主体。

---

❶ 王树良.谈毒品犯罪的共犯及处罚［J］.法律适用，1993(1)：8.

观点五：提出同宗毒品上一人为多种实行行为的定罪，在立法上应明确为结合犯。罪名形式按照所实施的实行行为在刑法上对应的罪名并列予以确定，量刑上应比照单一犯罪作从重处罚。在此建立结合犯定罪原则基础上，对同宗毒品上多人为多种实行行为的，按照部分犯罪共同说理论，贩卖毒品人在同宗毒品上实行了走私、运输、制造等多种实行行为，其他共同犯罪人仅与其就结合罪中一独立罪有共同故意的，前者构成结合犯，二者就后者的独立罪成立的共同犯罪。❶

笔者认为对于毒品共同犯罪的认定，首先，应当考虑是否构成毒品犯罪。构成毒品犯罪是毒品共犯成立的前提。其次，要认真研究两人以上的行为人之间是否有共同故意，行为人的行为方式与犯罪结果是否是因果关系，研究各种毒品共犯应当具备的法律特征。对于有人故意，有人过失形成同一犯罪的，几个人同时在同一场所故意犯罪，但彼此主观故意和客观行为都互无联系的，不能以毒品共犯论处。在实践中，笔者认为下列犯罪行为不能以毒品共犯论处。

其一，毒品犯罪分子各自出资、同路前往边境地区出境将毒品偷运、走私到内地，各自交易、各获其利的。这种犯罪虽然貌似共同犯罪，但毒品犯罪分子在主观上没有形成共同故意，他们之间没有分工，没有配合，仅属同路。从客观行为上看，毒品犯罪分子虽然同路，都有走私、运输贩卖毒品的行为，但他们的行为是为自己单独的犯罪服务，没有为整体犯罪服务的内容。这种情况不具备共同犯罪条件，不能以毒品共犯论处，但可作为同案处理。

其二，一人故意进行毒品犯罪，他人被欺骗而为贩毒服务的行为不能视为共同犯罪。例如，某甲购得海洛因 67 克并将榴梿掏空藏入其内，混入其他榴梿中，请驾驶员某乙带往昆明某丙家。某甲隔三天后到昆明取走装入海洛因的榴梿，在贩卖时被当场抓获，根据甲的交代收审了乙和丙。经反复查证，乙和丙根本不知

---

❶ 余旭东. 贩卖毒品共同犯罪若干问题研究 [D]. 湘潭：湘潭大学，2006：16.

道榴梿里藏有海洛因。此案从行为上看,乙和丙分别为甲进行了"运输"和"窝藏",他们的行为为甲某的贩毒行为提供了"服务",但他们不知道是毒品,不具备共犯特征,不能视为共同犯罪。

其三,包庇走私、贩卖、运输、制造毒品的犯罪分子,为犯罪分子窝藏、转移、隐瞒毒品或者犯罪所得的财物的,掩饰、隐瞒出售毒品获得财物的非法性质和来源的。只要事先没有通谋,经查证属实后不能以毒品共犯论处,应根据其行为方式和犯罪情节,定包庇毒品犯罪分子罪,窝藏毒品罪,窝藏毒品犯罪所得财物罪,掩饰、隐瞒出售毒品获得财物的非法性质和来源罪。事先有通谋的,应以走私、贩卖、运输、制造毒品罪的共犯论处。

其四,出于吸食、治病或买方不具有贩毒目的的买卖毒品行为不构成共同犯罪。毒品的买和卖是两种截然不同的概念,贩卖毒品构成毒品犯罪无疑,但购买毒品就不一定构成犯罪。购买毒品的目的有许多,有的为了吸食,有的为了药用、有的为了送给朋友解决毒瘾,法律上没有购买毒品罪。因此,毒品的买卖关系不一定形成共同犯罪。但必须弄清楚,如果购买毒品是为了贩卖的,购买也是贩毒的行为,毒品到手即可认定贩卖毒品罪。如果购买少量毒品药用或者吸食的,不构成犯罪。如果购买毒品数量较大,又无法证明行为人是为了走私、贩卖的,可定非法持有毒品罪。值得一提的是,即使购买毒品者是为了贩卖,购买者与贩卖者的故意不是共同的,购买后又贩卖的人与贩卖人属于各贩各的,在主观上没有共同故意,不具备共同犯罪特征。当然,如果购买毒品者向贩卖毒品者赊去贩卖,贩卖后共同分赃的则构成共同犯罪。

其五,居间人利用毒品犯罪分子的毒资购买毒品后,自己贩卖或高价卖给出资者的,不能以共同犯罪论处。在审判实践中,有一些居间人趁毒犯托他们到境外购买毒品的机会,利用毒犯的资金把毒品走私进来后,或谎称境外毒品涨价,变相赚毒犯的钱，或私留部分毒品自己贩卖，或把毒品背着出资者贩卖后又将本金退还出资者，谎称没有购到毒品。这种居间人的行为从表面上看，是在为境内外的毒品犯牵线搭桥，实质上他又有了自己的主观故意。居间人扣留、转卖、夸大价格赚钱的行为都是独立的，与境内外毒品犯罪分子没有共同犯罪关系，可视情况定其走私、贩卖毒品罪，不能以共同犯罪论处。当然，那些为毒品犯牵线搭桥，为毒品犯把毒品走私进口，吃介绍费或运输费的，应当以共同犯罪论处。

其六，不具有贩卖目的的运输毒品行为，笔者不倾向定共同犯罪。在实践中，有的行为人为了图小利，为毒品犯罪分子运输毒品。行为人的运输目的仅仅是为了得到毒品犯的运输费，他根本就不管毒品犯卖不卖，只知道按约送到目的地。这种情况，笔者认为运输者与贩卖者的目的不一致，不能视为共犯，只能定其运输。当然，为了贩卖而运输不在此例。

以上六种情形在实践中可视情况作同案处理，但同案并不等于共同犯罪，在处理时应认真分析研究。

二、毒品犯罪的正犯、间接正犯、教唆犯与为工具的人

在毒品犯罪中，存在不少以共同犯罪论处的情形，主要体现在为实行行为提供帮助或者事前共谋等行为上，值得关注。

（一）共谋共同正犯

所谓的"共谋共同正犯"，按照日本刑法学家大塚仁教授的观点："既然两人

以上共谋实施了一定的犯罪，那么在其中的一部分人做出了实行时，包括没有参与实行行为的人，共谋者的全体成员都直接成立共同正犯。"❶ 对于毒品共同犯罪中的共谋共同正犯，存在以下三种观点。

第一种观点认为，《刑法》第 349 条第 3 款规定："犯前两款罪（包庇毒品犯罪分子和窝藏、转移、隐瞒毒品、毒赃，笔者注），事先通谋的，以走私、贩卖、运输、制造毒品罪的共犯论处。"该款的规定，可以看成毒品犯罪中的共谋共同正犯。对于事前存在通谋的行为人，虽然其实施的基本上都是帮助行为，但是其仍然应当对整个行为负正犯的刑事责任，此即"部分行为，全部责任"。因为"对于共同犯罪起到了实质的支配作用的共谋者，宜认定为共谋共同正犯。对于在共谋过程中随声附和，又没有亲自参与实行的，只能认定为心理的帮助犯。"❷ 另一方面，在我国现行立法体例之下，即使否认"共谋共同正犯"概念，但由于共谋者对直接正犯实行犯罪和造成结果至少具有心理上的因果性，故应对直接正犯的行为与结果承担责任。因此，在直接正犯既遂的情况下，共谋者当然必须承担既遂的责任。❸ 对于毒品犯罪分子的包庇者和毒品、毒赃的窝藏、转移、隐瞒者而言，由于其与走私、贩卖、运输、制造毒品的行为人存在通谋，从而使后者实施毒品犯罪时更加具有心理强制性，故应当认为事后包庇、窝藏者的行为对共同犯罪起到了实质的重要作用，即使其没有亲手实施走私、贩卖、运输、制造毒品的行为，也应当认定为走私、贩卖、运输、制造毒品罪的实行犯。

第二种观点认为，仅参与共谋未参与实行行为，不构成共同犯罪。因为共同犯罪的成立不仅需要共同的故意，还要有共同的实行行为。在这种情况下，未参

---

❶ 大缘仁. 犯罪论的基本问题 [M]. 冯军, 译. 北京：中国政法大学出版社，1993.

❷ 张明楷. 刑法原理 [M]. 北京：商务印书馆，2011：387.

❸ 马克昌. 比较刑法原理（外国刑法学总论）[M]. 武汉：武汉大学出版社，2003：647.

与实行行为的共谋者与参与实行行为的共谋者只有共同的犯罪故意,而没有共同的犯罪行为。因为共谋既不是犯罪预备行为,也不是犯罪实行行为,当然不能成立共同犯罪。❶

第三种观点认为,共同犯罪行为包括共同预备行为和共同实行行为,行为人即使没有参与具体的实行行为,但参与了共谋,共谋应当属于预备行为,其不仅仅是单纯的犯意表示,即使参与共谋者事后未实施实行行为,其与事后实施实行行为者之间也具备了共同犯罪成立所必须具备的"意思联络"和"共同行为"之条件,故构成贩卖毒品罪,系犯罪预备。❷

笔者认为,共同犯罪行为不仅指犯罪的实行行为,还指犯罪的教唆行为或帮助行为,其中自然包括共谋行为。共谋是指数人就准备实施的犯罪进行谋议,它可能是对犯罪的教唆,也可能是对犯罪的帮助,因而共谋本身就是共同犯罪行为且多个行为人形成意思共同体。没有实行行为的共谋者会对其他行为人施加影响,加功于其实行行为,与犯罪结果的产生存在因果关系,共谋行为者构成贩卖毒品犯罪,系犯罪既遂。

(二)片面共犯

所谓"片面共犯",是指"共同行为人的一方有与他人共同实施犯罪的意思,并协力于他人的犯罪行为,但他人却不知道其给予协力,因而缺乏共同犯罪故意的情况。"《刑法》第 350 条第 2 款明确规定:"明知他人制造毒品而为其提供前款规定的物品的,以制造毒品罪的共犯论处。"可见,如果与制造毒品的人事前

---

❶ 郭寅,黄伯青. 毒品案中共谋而未参与实行者的罪责认定 [N]. 人民法院报,2010-06-24.
❷ 郭寅,黄伯青. 毒品案中共谋而未参与实行者的罪责认定 [N]. 人民法院报,2010-06-24.

· 55 ·

存在通谋的，可以考虑共谋共同正犯的成立。如果不存在共谋，而只存在提供制毒物品的一方明知他人制造毒品，并为其提供相应帮助行为的，则可以考虑适用片面共犯的理论。❶对于片面共犯的成立范围，学者们观点不一，有全面说和片面说之分。全面说论者认为，可以全面肯定片面共犯的成立范围。显然，可以肯定片面的共犯，包括片面的帮助犯、片面的教唆犯与片面的正犯。❷而片面说论者则认为，只能成立片面的帮助犯，"教唆犯不可能成立片面的共犯，共同正犯也不宜成立片面的共犯，暗中给犯罪人以帮助，事实上是可能。对于这种行为，以片面的共犯论处较为适宜"。❸

笔者认为，虽然论者们对片面共犯的成立范围存在争议，但是片面帮助犯却是一致认可的概念。相对于制造毒品的行为人而言，明知他人制造毒品而仍然为其提供制毒物品的，则提供毒品者的行为应当考虑构成制造毒品罪的片面共犯，该共同犯罪的成立仅仅是针对提供制毒物品者而言，对于制造毒品者本人来讲，因为其并未意识到他人具有帮助自己的意思，从而不具备相应的意思联络，故其不成立共同犯罪，仍以单独犯论处。

三、毒品共同犯罪认定中的几个问题

（一）毒品犯罪的同时犯问题

在毒品犯罪的同时犯认定中，争议较大的当属运输毒品行为的共同犯罪问题。

---

❶ 张明楷. 刑法原理［M］. 北京：商务印书馆，2011：388.
❷ 张明楷. 刑法原理［M］. 北京：商务印书馆，2011：389.
❸ 同上。

在走私、运输毒品的过程中，如果行为人还具有其他犯罪行为，为了减轻自己的罪责，往往否定其与运输毒品的行为人存在共同犯罪的意思，这就为实践中认定走私、运输毒品罪的共同犯罪带来了难题。如在运输毒品犯罪中，因涉案嫌疑人不止一个，在被抓获后，相当一部分嫌疑人为了减轻罪责，称是单个犯罪，否认是运输毒品罪的共同犯罪人。如果不能有效证明其行为性质，势必影响法律适用的公正性。因此，正确区分运输毒品犯罪的共同犯与同时犯，在司法实务中具有重要的意义。对此，有论者认为，应当从犯罪预谋、毒品来源、毒品目的、主观明知、获取报酬方式等角度综合考虑运输人是否属于运输毒品罪的共同犯罪抑或是运输毒品罪与其他犯罪的同时犯。❶ 具体来讲：① 预谋。如果几个运输毒品的犯罪人事前对犯罪进行了预谋，就可以认定为事前有预谋的共同运输毒品犯罪。这种预谋是事先对犯罪的计划，而不是临时起意的，如果有证据证明相关行为人事前存在该预谋，无疑就可断定共犯的成立。② 毒品的来源。一般来讲，若是共同犯罪，则其毒品来源应是同一的，否则即可说明彼此之间的行为并不是指向同一犯罪，否定共同犯罪的成立。③ 毒品的目的地。毒品的目的地也应是同一的，因为运输毒品是要把毒品从甲地运到乙地，如果目的地不一，在行为上也就难以相互配合、协作，难以形成共同行为。④ 路上费用是各自负担，还是共同使用及平均分摊，也是一个重要的判断指标。如果全部运输费用均由一人负责，一般来讲是共同犯罪。但如几个被告人各自从"货主"处所取各自的路费，虽几人同行，但每人只用自己的路费购买车船票及支付住宿费，这样的情况就要具体分析。因为在负责自己费用的情况下，几个人虽在一起，但彼此之间没有密切关系，各自的行为是一种单独行为，相互之间没有配合，就不能认定为共同犯罪。此外，被告人在整个毒品运输过程中是否在一起，且在一起是否相互照应、配合，在运

---

❶ 张洪成. 毒品犯罪共犯成立问题研究 [J]. 石河子大学学报（哲学社会科学版），2013(3)：72.

输毒品的共同犯罪过程，被告人是否在一起而是判断其是否共同犯罪的一个方面，因为只有在一起运输毒品，才能在行动中相互配合。如果被告人单独行动，那么在犯罪中就无法相互配合。⑤ 主观明知。从明知上讲，作为共同犯罪，几个被告人都应相互知道带有毒品，或者知道对方是为配合自己所带毒品顺利到达目的地的，在共同运输毒品犯罪，互相明知是判断共同犯罪的重要因素，几个被告人各带毒品相互一起同行。如果彼此之间不知对方带有毒品或不知对方是为所带毒品行为配合，使其顺利到达目的地，这样也就不能形成意思合议，无法形成共同运输毒品的故意。⑥ 从获取报酬的方式来看，在毒品到达目的地后，是各自从"货主"手中按照个人所带毒品数量的多少来领取报酬，还是把几个人共同所带毒品数量加在一起来领取报酬，通过领取报酬的不同方式，也可判断是否为共同犯罪。如果只是按自己所运输毒品数量而直接从"货主"手中领取报酬，其他人领取报酬的多少与自己并无关联，则一般为同时犯；但如果将几人所带毒品数量相加后统一领取报酬，而后几人来分配，则一般为共同犯罪。从整体上看，这样的判断标准是正确的。

（二）毒品犯罪的对向犯问题

作为主要毒品犯罪类型的贩卖毒品罪，必定存在买和卖的交易双方，双方买卖毒品的行为在刑法理论上属于对向犯。从我国刑法的设置来看，单纯地购买毒品是不构成犯罪的，但是为了贩卖而购买或者购买的毒品达到法定数量的，可以分别构成贩卖毒品罪或者非法持有毒品罪。可见，从单纯的购买角度出发，毒品买卖中的双方就是片面的对向犯。虽然购买毒品行为客观上有助于销售行为，充足片面帮助犯的特征，但是单纯的买卖毒品行为，只要从外表上看是平稳的交易，

第四章　毒品共同犯罪问题研究

即使有被犯行利用的未必的认识，也不能构成帮助，不能认定为共同犯罪。更何况，买卖双方缺乏共同将该毒品贩卖的联络，其在本质上仍然属于各买各卖，不能认定构成贩卖毒品罪的共犯。对于购买者一方来说，如果出于贩卖的目的，则构成贩卖毒品罪；如果仅购买用于自己吸食的，则根据具体情况区别对待：购买数量较大的毒品（按照我国《刑法》的规定，数量较大的标准为，以海洛因为基准是10克以上），则构成非法持有毒品罪；如果购买数量较少的毒品，则考虑非法持有毒品的违法行为。当然，如果购买毒品者与贩卖毒品者之间已经建立了"供货"关系、赊销关系，由出卖方向购买方提供毒品，而由购买方转手倒卖，买卖双方共同分赃获利的，那么这类行为就完全符合毒品共同犯罪的法理特征，应当认定为贩卖毒品罪的共同犯罪，行为人应当对所有的毒品犯罪行为承担同等的刑事责任。

有论者认为对此应具体分析。如果买卖双方长期都有合作关系，即属于小毒贩常年向大毒贩进货，且每次数量大，买方向卖方购买的最终目的是为了贩卖牟利的，应当认定双方是共同犯罪；如果买方是吸毒人员，时常向毒贩购买少量毒品用于自己吸食，不能定为共同犯罪，因为买方的行为尚不构成犯罪；如果买方和卖方无固定联系，买方以贩卖为目的一次性向卖方购买大量毒品，不定共同犯罪为宜。❶

也有论者认为，只要毒品买卖双方都构成犯罪，即购买者是以贩卖为目的购进毒品，则双方成立共同犯罪。其理由是，买卖行为是一种对向性的行为。对向性行为互以对方行为的存在为己方行为的存在条件，实施对向性行为的双方对于对方行为都有明确的认识。这种认识包括对方行为的内容及其结果。因此，在对向性行为中，只要一方的行为构成犯罪，另一方行为均可以说是对它的加功，与

---

❶ 张洪成. 毒品犯罪共犯成立问题研究 [J]. 石河子大学学报（哲学社会科学版），2013(3)：72.

之构成共犯。因为另一方是在明知对方犯罪行为的内容与结果的情况下而故意实施作为该犯罪行为必要条件的己方行为，双方在主观认识与意志上具有共同性，客观行为上同样也有共同性，符合共同犯罪的实质条件。

还有论者认为，买卖毒品的双方虽然存在意思联系，但是并不存在刑法上的共同犯罪的同谋（犯意联络），不是二人通过意思联络成为一个整体，而是两个对立的主体，是买卖双方各自独立的犯罪故意支配下的买卖行为。虽然二人主观上都有贩卖的故意，但是并不能因此就认定为两个贩卖的故意就是共同贩卖的故意，买卖双方的故意应属两个独立的故意。买卖毒品双方的行为，在客观上虽以双方的行为互为前提、互为条件，并具有一定的关联性，但其并不是联合成为一个行为整体且该行为符合刑法分则的构成要件。在刑法评价上，它们并不是一个行为，而是分属两个行为，符合各自的刑法上的构成要件。卖方单独构成一个贩卖行为，而买方则是在为贩卖行为创造条件的购买行为，应属另一个单独的贩卖行为整体上的一部分。在认定贩卖双方的买卖行为是否是共同行为时，不能因客观上买卖毒品的行为有关联性就认定其为共同的行为，而是要依据刑法分则犯罪构成要件的规定，来确定买卖毒品双方的分别行为不是一个贩卖毒品行为的部分行为，而是相互独立的两个贩卖毒品的行为。

笔者对以上三种观点都不赞同。在第一种观点中，买卖双方是否有长期合作固定联系和购买毒品数量是否庞大，这两项标准都不是判定共同犯罪的法定条件。以上的长期合作只是长期毒品的供求关系，它能否等同于相互配合帮助，并进而认定买卖双方有共同犯罪的意思联络，概念比较模糊。第二种观点认为只要对向性行为都成立犯罪的，双方即成立共犯。这一观点过于偏激，只注重对向行为客观上的相辅相成，而武断地认定行为双方在主观认识与意志上具有共同性。第三种观点认为对向行为在刑法评价上不是一个行为，而是两个相互独立的行为，未免以偏概全,有失偏颇。在这三种观点中,对向性行为互相加功一说貌似合理,笔者认为有必要在此着重分析。

对向行为,刑法学理论上又称之为对合行为,是指二人以上以相互对向的行为为要件的行为。对合双方行为的性质有下列三种情形(以买卖行为为例):① 各方行为在法律上均被规定为犯罪,但罪名不同,如出售假币罪与购买假币罪。② 各方行为在法律上均被规定为犯罪,且罪名法定刑相同,如非法买卖枪支、弹药、爆炸物罪。③ 一方行为在法律上没有被明文规定为犯罪,如贩卖毒品罪与(吸毒者)购买少量毒品自己吸食的行为。

以上的买卖行为都互为成立条件,但在刑法上行为的性质并不一致。主要是立法者考虑到行为人的主观目的不同进而区分其主观恶性及行为的社会危害性,而将买卖行为规定为罪或非罪、此罪或彼罪处罚。因此,买卖双方行为的性质最终应以刑法规定来判断;买卖的对向行为是否互相加功,一方对另一方的犯罪是否有帮助,也应以刑法上共同故意犯罪的成立条件来判断。

客观上,毒品出卖者与以贩卖为目的的毒品购买者是在一起实施贩卖毒品行为,没有对方行为己方无法作为,完全撇开双方的主观认识,两者行为是互为成立条件的。认为对向犯成立共犯的观点,也是从这一点上认为"双方互相有帮助作用,行为互相加功的"。❶ 然而,在分析行为间相互作用的同时,还应分析行为双方的主观认识,判断行为双方是否都认识到是在相互配合共同犯罪,并对如何配合进行意思联络,在联络的基础上又更为积极地相互配合。"只有行为人在主观上形成了与他人一起共同犯某罪的认识和故意,才能形成共犯关系"。❷ 笔者认为,在通常情况下,构成贩卖毒品罪的买卖双方是同时以各自行为为同一危

---

❶ 陈兴良. 共同犯罪论 [M]. 北京:中国社会科学出版社,1992.
❷ 赵秉志. 犯罪主体论 [M]. 北京:中国人民大学出版社,1989.

害结果，但彼此之间无共同犯罪的意思联络的，在刑法上属于同时犯。

对向犯不能一概认定形成共犯，但也不排除成立共同犯罪的可能性。笔者认为，贩卖毒品双方是否成立共同犯罪，不是以双方是否长期联系，形成稳定的供求关系和购销毒品数量大为标准，而应以双方是否形成共同利益需求，而事先通谋分工合作来判断，可表现为以下四种形式。

（1）出售毒品方（以下称"上线"）为扩大销售范围、提高销售数量，要购买毒品方（以下称"下线"）为其再介绍买方，双方协力建立毒品销售网络。

（2）上线为下线传授犯罪经验，帮助下线快销多销毒品的。

（3）下线为上线提供毒源信息，为上线指示进货渠道，或为上线进货提供毒资，或以其他方式配合上线进货。

（4）上线与下线在毒品交易中互相掩护配合，互相通风报信，或以其他方式包庇帮助对方逃避打击。

在司法实践中，我们对此问题的认识主要根据最高人民法院《纪要》中"没有实施毒品犯罪的共同故意，仅在客观上为相互联系的上下家，不构成共同犯罪，但为了诉讼便利可并案审理"的规定来处理。也就是说，当毒贩在毒品交易完成而被抓的情况下，处理买卖毒品双方的犯罪形态上，因贩卖毒品罪以毒品实际上转移给买方为既遂的标准，卖方应构成贩卖毒品犯罪的既遂，而买方则只应构成贩卖毒品的未遂。

（三）居间介绍买卖毒品行为

在毒品案件中，居间介绍毒品犯罪十分常见。居间介绍买卖毒品犯罪行为，在我国法律中不是一个专有的、固定的和法定的词汇，只出现于司法解释中，对其如何定义存在不同学说。

促进交易说提出，居间介绍买卖毒品犯罪行为是指在毒品交易中，为毒品交易双方提供毒品交易信息促进毒品交易完成的行为。❶

中间说认为，毒品犯罪居间介绍贩卖毒品行为是指在毒品交易的过程中，行为人本身不拥有毒品，且不向他人购买毒品，而在卖毒者和具有购买毒品意向的人中间传播毒品信息、联系交易双方，从中收取报酬的行为。❷

代卖代购说认为，居间介绍买卖毒品的行为包括代卖及代购行为。

非实行行为说认为，居间介绍买卖毒品行为非贩卖毒品的实行行为，其定义：行为人自身不拥有出卖的毒品，也不向他人购买毒品，而是在毒品提供者和具有购买毒品意愿的人之间传递信息、联系毒品交易的行为。居间介绍买卖毒品的行为表现常态是既不买，也不卖，不加价压价从中谋利，不空买空卖转手牟利；只是他既知道供"货"渠道，又知道需求信息，而从中联系将买方介绍给卖方，或将卖方介绍给买方，行为方式仅仅是居中介绍，提供信息。

笔者认为，居间介绍买卖毒品犯罪宜定义为"为买卖毒品双方提供交易机会、创造交易条件、联系双方，或者代为买卖毒品，而促成毒品交易"。居间介绍买卖毒品行为不仅包括提供信息或者便利条件，还包括代卖或者代购行为。❸ 大多数居间介绍人行为的目的是为了收取毒品交易的佣金，❹ 但此目的不应该被纳入居间介绍买卖毒品的行为定义中。居间介绍买卖毒品的行为也有很大一部分是因为亲友等关系而为的，不一定以牟利为其行为目的。❺

---

❶ 高巍. 贩卖毒品犯罪研究 [M]. 北京：中国人民公安大学出版社，2007：208.

❷ 郑蜀饶. 毒品犯罪的法律适用 [M]. 北京：人民法院出版社，2001：56.

❸ 罗红艳. 白某等人贩卖毒品案研究 [D]. 哈尔滨：黑龙江大学，2014.

❹ 郑蜀饶. 毒品犯罪的法律适用 [M]. 北京：人民法院出版社，2001：56.

❺ 余旭东. 贩卖毒品共同犯罪若干问题研究 [D]. 湘潭：湘潭大学，2006.

关于居间介绍买卖毒品行为是否构成贩卖毒品罪的问题，理论界和实务界存在分歧，主要存在以下六种观点。

1. 有罪共犯论

有罪共犯论以最高人民法院为代表。最高人民法院于1994年在《关于执行〈全国人民代表大会常务委员会关于禁毒的决定〉的若干问题的解释》通知的第2条解释规定，居间介绍买卖毒品的，无论是否获利，均以贩卖毒品罪的共犯论处。新刑法公布后，最高人民法院没有另外做出新的解释。有学者认为，居间明知他人进行毒品犯罪而为其居间介绍、代买代卖的行为，主观上有共同犯罪的故意，客观上有非法买卖毒品，或者为毒品犯罪分子提供帮助的行为，不论是否获利，都构成毒品犯罪的共犯。❶

2. 无罪论

这种观点认为，最高人民法院1994年制定的对居间介绍买卖毒品行为的司法解释，已经没有法律效力。因为最高人民法院1997年6月23日制定的《关于司法解释工作的若干规定》第12条规定："司法解释在颁布了新的法律，或者在原法律修改、废止，或者制定了新的司法解释后，不再具有法律效力。"同时，根据1997年《刑法》规定的罪刑法定原则，司法解释不能创制一种行为是犯罪，犯罪行为的判定只能依据刑事法律。新刑法没有规定居间介绍买卖毒品行为不是立法机关的疏漏，全国人大常委会制定的《关于禁毒的决定》中没有将居间介绍买卖毒品行为认定是犯罪行为的规定，新刑法也没有将该行为作为犯罪加以规定。应当说，经过多年的修改工作，新刑法把所有毒品案件发生的犯罪行为都作了规

---

❶ 田立文，夏汉清．审理毒品犯罪案件几个疑难问题探讨[J]．河南社会科学，2009(2)：84．

定，如包庇走私、贩卖、运输、制造毒品等。这只能说明立法机关没有同意将该行为"以共犯论处"。如果居间介绍买卖毒品行为对于社会确有严重危害，仍有必要将其规定为犯罪，立法机关可以通过立法予以补充。有学者认为，居间行为人在毒品犯罪中的行为只是帮助毒品传播的犯罪行为，若将其行为归类到贩卖毒品的犯罪当中，势必会出现罪刑不统一的情形。❶

3. 获利说

持获利说这种观点的学者认为，居间介绍人帮助吸毒人员购买毒品，如果从中没有获利，不能作为犯罪处理；获利的应该按照犯罪处罚。其主要理由是居间介绍买卖毒品行为比较复杂，只有在其获利的情况下才能考虑是否构成犯罪。居间介绍人与帮助购买人是不同的，居间介绍人只是在买卖毒品之间从中介绍、搭桥，其行为的社会危害程度比帮助购买人更轻微。因此，将居间介绍而没有获利的行为人作为犯罪处理是不妥当的。

4. 买卖一方联系说

买卖一方联系说认为，根据居间介绍买卖毒品行为性质判断，它不是贩卖毒品的实行行为，那么如果没有贩卖毒品实行行为的实施，单就这种居间介绍行为不成立本罪。简言之，若要认定居间买卖毒品行为人构成犯罪，必须先认定其是否与毒品销售或买入一方成立共犯。最高人民法院对居间介绍买卖毒品行为的司法解释是 1994 年制定的，已经没有法律效力。因为最高人民法院 1997 年 6 月 23 日制定的《关于司法解释工作的若干规定》第 12 条规定："司法解释在颁布了新的法律，或者在原法律修改、废止，或者制定了新的司法解释后，不再具有

---

❶ 谭光文. 毒品犯罪中居间行为的处罚问题——建议增设毒品居间罪 [J]. 云南法学，1995(3)：47.

法律效力。"同时，根据 1997 年新刑法规定的罪刑法定原则，司法解释不能创制一种行为是犯罪。犯罪行为的判定只能依据刑事法律。新刑法没有规定居间介绍买卖毒品行为不是立法机关的疏漏。全国人大常委会制定的《关于禁毒的决定》中没有将居间介绍买卖毒品行为认定是犯罪行为的规定，新刑法也没有将该行为作为犯罪加以规定。应当说，经过多年的修改工作，新刑法把所有毒品案件发生的犯罪行为都作了规定，如包庇走私、贩卖、运输、制造毒品等。这只能说明立法机关没有同意将该行为以共犯论处。如果居间介绍买卖毒品行为对于社会确有严重危害，仍有必要规定为犯罪，立法机关可以通过立法予以补充。❶ 笔者认为，根据居间介绍买卖毒品行为性质判断，它不是贩卖毒品的实行行为，那么如果没有贩卖毒品实行行为的实施，单就这种居间介绍行为不成立本罪。简言之，认定居间买卖毒品行为人构成犯罪必须先认定其是否与毒品"销售"或"买入"一方成立共犯。❷

5. 目的说

目的说认为，将居间行为均以共犯论处是不妥当的，但也不同意上述将该行为不认定为犯罪的观点。由于毒品犯罪中买卖双方行为的复杂性，造成居间介绍行为的复杂性，加之居间介绍行为本身固有的复杂性，所以对其是否认定为犯罪，即是否属于贩卖毒品的共同犯罪应具体分析。我国《刑法》对买入毒品行为没有全部认定为犯罪，对吸毒者为自己吸食的目的而购入少量毒品（未达到非法持有毒品罪定罪数额的），不认为是犯罪。因此，如果居间介绍人是对这样的买方提供帮助，则不应认定为犯罪。根据居间人在买卖双方中的地位和作用，其行为主

---

❶ 黄泽林. 居间介绍买卖毒品是否构成犯罪 [N]. 法制日报，2001-02-24.
❷ 余旭东. 贩卖毒品共同犯罪若干问题研究 [D]. 湘潭：湘潭大学，2006.

要有三种表现形式：其一，为他人购买毒品而介绍卖主；其二，为他人出售毒品而介绍买主；其三，兼具有为吸毒者介绍卖主和为卖毒者介绍买主两种性质的行为。因此，判断居间行为的性质应根据居间人的主观目的、心态、行为表现等主客观方面的因素来进行综合判断。居间人受吸毒者委托或者未受委托而主动为吸毒者提供毒源信息，帮助吸毒者购买毒品，不能以贩卖毒品罪共犯论处。为以贩卖毒品为目的而寻购毒品的人介绍毒源信息，应以贩卖毒品罪的共犯论处。居间人受贩毒人员委托而为其寻找买毒人，从而在二者之间牵线搭桥，促成毒品交易的，不论居间人是否从中获利，只要居间人明知委托人的目的是在于贩毒，对其行为就应以贩卖毒品罪的共犯论处。

6. 区分说

区分说的依据是 2008 年《纪要》和共同犯罪理论。该学说认为应当根据具体行为性质进行不同的定罪或者不认定犯罪的分析。在区分说内部，各学者的认识也不一致。如有学者从帮助犯角度分析，认为居间介绍买卖毒品行为，说到底是买卖毒品的帮助行为。该帮助行为是完成买卖毒品交易必不可少的一个条件，该帮助行为促成了毒品的贩卖，实现了毒品犯罪法益的侵害。帮助犯是从属于正犯而存在的，若被帮助者实施了犯罪，只要帮助者行为不属于情节显著轻微的情况，帮助者均构成犯罪。❶ 有的学者从居间介绍人受委托角度分析，认为受毒品卖家委托寻找买家、受以贩卖为目的的买家所托，构成卖家、买家贩卖毒品共犯；接受买卖双方的委托，为双方居间介绍构成贩卖毒品的共犯；而受吸毒人员所托寻找卖家，毒品数量达到非法持有犯罪的定罪数量的，居间人与毒品买家非法持有毒品罪共犯，未超过非法持有定罪的数量的，不以犯罪论处。

---

❶ 张明楷. 刑法学 [M]. 北京：法律出版社，2007：346.

笔者同意区分说的观点，认为应当根据居间介绍行为人不同的行为表现从而认定是否有罪或者无罪。如果有罪则也应当区分是受买家委托或者卖家委托，从其行为性质进而认定是买家或者卖家的共同犯罪，或者单独的贩卖毒品罪。笔者认为从行为人受委托角度，再结合行为人是否牟利而进行犯罪区分比较合适。❶

第一，居间介绍人受卖家委托，积极寻找下线，不论其是否牟利，其行为均促进了毒品交易的完成，帮助卖家贩卖目的的实现，应当构罪；并按照现行刑法，认定其为卖家贩卖毒品犯罪的共犯。

第二，居间介绍人受买家委托，积极寻找卖家。如果有证据证明买家仅是用于吸食的毒品，且居间人并未从中牟利，居间介绍人不应认定为犯罪；如果居间人从中牟利，则其行为应是变相的贩卖毒品行为，应以单独的贩卖毒品罪定罪。

第三，居间介绍人受买家委托，如果确有证据证明居间介绍人明知买家购买毒品是为了实施其他犯罪，则认定居间介绍人与买家形成其他犯罪的共同犯罪。

---

❶ 周力佳. 居间介绍买卖毒品犯罪研究：以宁波市江东区为视角 [D]. 上海：华东政法大学，2011.

第五章 毒品犯罪的争议行为

"行为"是犯罪最基本的分析单位和最基本的特征要素,是刑法学研究的逻辑起点。[1] 根据我国《刑法》,与毒品直接相关的犯罪行为包括走私、贩卖、运输、制造、非法持有、吸食、注射、窝藏、转移、隐瞒毒品;容留他人吸食、注射毒品或者介绍买卖毒品;强迫、引诱、教唆、欺骗他人吸食、注射毒品、向他人提供毒品、非法种植毒品原植物;非法买卖、运输、携带、持有未经灭活的毒品原植物种子或者幼苗;非法传授麻醉药品、精神药品或者易制毒化学品制造方法;在麻醉药品、精神药品的实验研究、生产、经营、使用、储存、运输、进口、出口以及麻醉药品药用原植物种植活动中,违反国家规定,致使麻醉药品、精神药品或者麻醉药品药用原植物流入非法渠道;在易制毒化学品的生产、经营、购买、运输或者进口、出口活动中,违反国家规定,致使易制毒化学品流入非法渠道;强制隔离戒毒场所、医疗机构、医师违反规定使用麻醉药品、精神药品等。其中,争议较大的主要是贩卖、运输、持有,以及代购毒品、互易毒品、贩卖假毒品、盗窃毒品等行为的认定。

---

[1] 余芳,张德志. 对贩卖假毒品行为定性问题的研究[J]. 云南大学学报法学版,2007(20):68.

一、贩卖、持有和运输行为的含义

（一）贩卖

关于贩卖行为的含义，尽管最高院司法解释已经对贩卖行为做出了规定❶，但还是有学者对此解释提出不同观点。

第一种观点认为，贩卖指"以牟利为目的，实施卖出或买入毒品的行为。"❷

第二种观点认为，应将贩卖理解为有偿转让，除买入后又卖出的典型形式外，将家中祖传毒品卖出、自己制造继而贩卖、以毒品交换其他货物的或用毒品支付相关劳务报酬或其他费用的，都属于贩卖毒品行为。❸

第三种观点认为，贩卖是"向他人转让毒品行为，或者说贩卖毒品行为是毒品通过交易转移了占有或控制的行为"，认为"将为卖出而非法收买毒品行为也当成贩卖是重刑思想的产物"。

第四种观点认为，贩卖包括行为人实施非法转手倒卖和销售自制毒品的行为，并说明"转手倒卖"是指行为人以较低价格将其他毒贩的毒品购进，再以较高的价格卖给他人。

第五种观点认为，所谓贩卖是指非法地有偿转让，包括买卖、交换、批发和零售。

---

❶《最高人民法院〈关于适用全国人民代表大会常务委员会关于禁毒的决定〉的若干问题的解释》规定："贩卖毒品，是指明知是毒品而非法销售或者以贩卖为目的而非法收买毒品的行为。"

❷ 赵秉志.毒品犯罪研究[M].北京：中国人民大学出版社，1993：120.

❸ 王作富.刑法分则实务研究[M].北京：中国方正出版社，2010：1569.

第六种观点认为，贩卖是指有偿转让毒品或者以贩卖为目的而非法收购毒品的行为。有偿转让即行为人将毒品交付对方并从对方获取物质利益。❶

第七种观点认为，贩卖毒品不仅包括一方支付货币，一方交付毒品的形式，还包括以物易毒、以劳务易毒、以抵押、赊账的方式易毒等形式。只要一方支付了具有经济价值的物或行为，都应该成立贩卖毒品罪。❷

从规范的意义上来理解，所谓贩卖应当是指非法地有偿转让，既包括买进毒品后再卖出的行为，也包括单纯出卖毒品的行为。例如，行为人接受他人赠予的毒品后出卖的，捡拾毒品后又出卖的，将父辈、祖辈遗留下来的毒品予以出卖的，都只能认定为贩卖毒品罪，既不可能宣告无罪，也不可能认定为其他犯罪。❸第一种观点要以牟利为目的，不符合《刑法》规定，会放纵以毒品交易货物等犯罪。第三种观点将贩卖毒品理解为毒品转移占有和控制的行为，用于解释两个吸毒者以不同种类毒品交换以满足自己吸毒需要时，会得出两个吸毒者均构成贩卖毒品罪的不合理结论，但此时属于非法持有毒品而非贩卖毒品。为卖出而非法收买毒品的行为，贩毒者主观上具有贩卖毒品的故意，在此故意的支配下已经积极实施了购买毒品的行为。此时，行为人已经开始着手实施犯罪，完全符合贩卖毒品罪的构成要求，并不存在重刑的问题。在实践中，更多的是如何确定行为人收买毒品时是否有贩卖毒品的故意。这种主观故意的确定需要结合客观的案件情况进行判断，否则就真的存在重刑问题或者放纵了犯罪。第四种观点将贩卖狭义地限定于"以较低价格将其他毒贩的毒品购进，再以较高的价格卖给他人"这一"转手倒卖"的含义上，不当地缩小了处罚范围，有失妥当性。实际上，第五种观点已

---

❶ 姜伟.刑事司法指南（2005）[M].北京：法律出版社，2005：107-108.

❷ 石魏.贩卖、运输毒品罪疑难问题解析[J].上海政法学院学报，2013(3).

❸ 张明楷.刑法分则的解释原理[M].北京：中国人民大学出版社，2004(1).

经包容了第一种观点所理解的贩卖内容,比较贴切刑法规范的内在意义。有疑问的是贩卖能否包括以贩卖为目的而非法收购毒品的行为。这也是第五种观点与第六种观点的分歧之处。对此,司法解释与大多数学者都持肯定的态度。❶而笔者以为这有待商榷。

笔者更赞同第二种观点和第七种观点综合在一起的观点:贩卖行为是一种有偿转让行为,贩卖毒品行为表现为不同的形式。除了买入后卖出的这种典型的有偿转让形式外,还包括没有买入而直接卖出的行为和为卖出而买入的行为。物和行为本身具有对价性和有偿性,没有超越贩卖的本质含义,属于法律允许的扩张解释。贩卖毒品罪的罪状是简单罪状,《刑法》并没有对贩卖毒品的具体构成要件、具体形式进行限制。只要符合刑法规范意义的贩卖本质,都应当纳入刑法关于该罪的评价范畴。第一种观点要以牟利为目的,上文已有分析,不符合刑法规定,会放纵以毒品交易货物等犯罪。综上所述,笔者认为贩卖可表现为以下三种形式:第一,单纯地销售毒品的行为,即贩毒者自己拥有毒品(如自己制作或种植的毒品或家中祖传的),把毒品投入流通领域,从中获得毒品的相应对价。第二,以出卖为目的,向他人买进毒品的行为。此时,行为人有将毒品卖出的目的,以此目的而买进毒品,已经开始着手实施贩卖毒品的行为。第三,低价买进毒品后,再高价卖出的行为,这是贩卖毒品罪的常态。三种形式都是把毒品投入流通领域,并通过毒品的交换,获取相对利益。随着贩卖毒品的行为越来越复杂,其表现形式也更多样化。代购毒品和居间介绍买卖毒品的某些行为,其本质上也是贩卖毒品的行为。例如,代购者明知购毒者是要购买毒品后变价再出售以获取利润而为购毒者购买毒品的行为。此时,代购者作为购毒者的帮助犯,实施的就是贩卖毒品的行为。

---

❶ 张明楷. 刑法学 [M]. 北京:法律出版社, 2003(1).

实践中有下列几种行为，被误认为贩卖毒品的实行行为：一是居间介绍贩毒的。这种情况在本书第四章毒品共同犯罪问题研究中已经讨论过了。该行为根据具体情况，可以构成贩卖毒品罪，但实施的不是该罪的实行行为，而是帮助行为，与实行犯构成共犯。二是从事生产、运输、管理、使用国家管制的麻醉药品、精神药品的单位和个人，违反国家规定向贩卖毒品的犯罪分子提供国家规定管制麻醉药品、精神药品的，依据《刑法》规定构成贩卖毒品罪。但其行为是否为本罪的实行行为，则应具体分析：如果以牟利为目的，则属于出售自有毒品，当属贩毒的实行行为；如果不以牟利为目的，则实际是帮助贩毒的行为，不属于实行行为。有论者将上述两种行为理解为本罪罪状中的贩卖行为，错误地将贩卖毒品的非实行行为认定为实行行为。[1]此外，还有一种情况应具体分析，即以贩卖为目的，采取盗窃、诈骗等非购买手段获取毒品的，毒品未来得及出售即被查获的。这种行为同样可构成贩卖毒品罪，但属于贩卖毒品的预备行为，不属于实行行为。因为根据高院的司法解释，只有以贩卖为目的的收买行为是本罪实行行为，没有包括其他非购买手段。[2]

（二）运输

1. 运输毒品的概念

关于运输毒品的概念，传统学说具有以下一些观点。

一种观点认为，运输毒品是指违反国家毒品管理规范，利用交通工具或其他

---

[1] 郦毓贝.毒品犯罪司法适用[M].北京：法律出版社，2005：13.
[2] 余旭东.贩卖毒品共同犯罪若干问题研究[D].湘潭：湘潭大学，2006.

手段运输、携带、邮寄或者交托运毒品的行为。

另有学者认为，运输毒品是指违反国家对毒品的管制法规，利用交通工具、人工或者其他方法在我国境内携带毒品的行为。

也有观点认为，运输毒品是指行为人明知毒品而为他人运送，包括利用飞机、火车、汽车、船只等交通工具或者采用随身携带的方法，将毒品从甲地运到乙地的行为。

还有学者认为，运输毒品是指将毒品从甲地运往乙地的行为，其基本方式有陆运、海运、空运、邮寄等。其行为特征的一个基本方面是其行为的空间性，即必须将毒品转移一段距离。

综合上面的几种观点，笔者认为对运输毒品罪概念的认定主要包括两方面的内容。

一是行为人实施运输行为时主观上必须认识到是毒品；二是行为人客观上必须实施了在国内进行运输的行为。这也是目前我国刑法学界对运输毒品罪的概念界定的主流观点。

运输毒品罪必须具备四个特征：一是主观性，即明知是毒品而进行运输；二是空间性，即包括运输的空间范围以不超过国境线为要求和运输的空间位移不能过短；三是与人的关系，既可以是行为人自己运输自己所有的毒品，也可以是受雇为他人运输；四是运输工具可以是任何形式的交通工具，包括人体隐藏、携带和其他方法。

2. 运输行为

根据运输毒品目的的不同，可以把运输毒品的行为分成五类：为走私而运输、为贩卖而运输、为制造而运输、为转移而运输、为吸食而运输。

对于此五种行为的定罪量刑，应该区别对待。由于我国刑法的罪名设置是将走私、贩卖、运输、制造毒品行为列举在一个罪名中，因此我们将前三种行为放在一起讨论。对于前三种行为，需要区分为两种情况来定罪量刑。

第一，行为人既实施了走私、贩卖、制造的行为，也实施了运输的行为，在行为都实施完毕的情况下构成走私、运输毒品罪，贩卖、运输毒品罪或者制造、运输毒品罪。因为运输是与走私、贩卖、制造相并列的行为❶，彼此之间的内涵和外延并不相同，行为人在故意的支配下实施了走私、运输或者贩卖、运输的行为，依照主客观相统一的原则，理应以相应的罪名对其定罪处罚。

第二，行为人实施了运输毒品的行为，还没有来得及实施走私、贩卖或者制造的行为。对此种行为的认定存在争议。一种观点认为构成运输毒品罪，在此情况下，行为人只实施了一个运输的行为，其在明知是毒品的情况下而予以运输，客观上已经致使毒品进入社会而流通和扩散，构成了运输毒品罪。一种观点认为，由于行为人实施的运输毒品是为了进行走私和贩卖，运输行为是手段行为，走私或者贩卖是目的行为，所以行为人运输毒品的行为同时还成立走私毒品罪（未遂）或者贩卖毒品罪（未遂）。行为人实施了一个行为，触犯了数个罪名的犯罪形态，应为想象竞合犯，对想象竞合犯，我国司法实践的处断原则是从一重处断原则。由于走私、贩卖、运输毒品的量刑幅度相同，所以应以运输毒品罪进行惩处，走私和贩卖行为作为量刑情节予以考虑。笔者同意第二种观点。

对于第四种行为，转移毒品罪和运输毒品罪的关系问题学界也存在不同看法。一种观点认为转移毒品行为和运输毒品行为在客观方面存在一致性，都是

---

❶ 参见《刑法》第347条走私、贩卖、运输、制造毒品罪罪名设置。

在国（边）境内的改变毒品的空间位置；❶由于转移具有客观性，既可以作为转移毒品罪客观方面的要件，也可以作为运输毒品罪客观方面的要件。因此，要从主观方面对其加以界定，两者的区别：运输毒品罪行为人在主观上明知是毒品，客观上运输会导致毒品的流通和扩散、危害社会的情况下，仍然予以运输，其目的是为了走私、制造、贩卖毒品而运输，而转移毒品罪主观上是为了协助毒品犯罪分子逃避司法机关的追缴和制裁。因此，对为转移而运输毒品行为的定性要着重从主观方面进行分析。另一种观点认为，转移毒品行为和运输毒品行为虽然在客观方面存在一致性，但转移毒品不一定是在国（边）境内发生，也可能是将毒品从国（边）境内转移至国（边）境外，或者从国（边）境外转移至国（边）境内。因此，在区分转移行为和运输行为时，不仅要从主观方面加以界定，还要考虑到转移行为的客观方面。❷如果转移行为是跨境发生的，则构成走私毒品罪。笔者赞成后者。

对于第五种行为，吸毒人员在运输毒品的过程中被查获，又无其他确切的犯罪目的的，构成何种犯罪？笔者认为要具体问题具体分析。

第一，行为人持有的毒品数量没有达到我国《刑法》第348条规定的最低数量标准的，存在争议。一种观点是通说，认为不构成犯罪。❸司法实践中也是这样处理的，对于吸毒者在运输毒品过程中被查获少量毒品的，即毒品数量未超过《刑法》第348条规定的最低数量标准的，一般不定罪处罚。2008年12月1日，最高人民法院还以会议纪要的方式，发文统一了该做法，《纪要》的第一节规定："对于吸毒者实施的毒品犯罪，在认定犯罪事实和确定罪名时要慎重。吸毒者在

---

❶ 聂慧萍，黄福涛. 运输毒品罪若干问题研究 [J]. 黑龙江省政法管理干部学院学报，2010(8).
❷ 石魏. 贩卖、运输毒品罪疑难问题解析 [J]. 上海政法学院学报，2013(28).
❸ 高贵君，竹莹莹. 吸毒人员在运输毒品过程中被查获的定罪问题 [J]. 人民司法，2008(11).

购买、运输、存储毒品过程中被查获的,如没有证据证明其是为了实施贩卖等其他毒品犯罪行为,毒品数量未超过《刑法》第 348 条规定的最低数量标准的,一般不定罪处罚;查获毒品数量达到较大以上的,应以实际实施的毒品犯罪行为定罪处罚。"也就是说,当吸毒者运输毒品的重量未达到相应标准,又不能证明吸毒者运输毒品具有将毒品进一步贩卖或者实施其他毒品犯罪的故意时,推定吸毒者运输的毒品是用于个人吸食,原则上不将该行为作为犯罪定罪处罚,行为人的行为不构成犯罪。另一种观点则认为,即使行为人持有的毒品数量没有达到刑法规定的最低数量标准,也要按照运输毒品罪定罪处罚。❶

第二,行为人持有毒品的数量达到了我国《刑法》第 348 条规定的最低数量标准,但未明显超过吸毒人员正常吸食量的,一种观点认为构成非法持有毒品罪,反对观点则认为构成运输毒品罪。❷ 毒品犯罪是抽象危险犯❸,《刑法》第六章第七节规定的诸多毒品犯罪,也正是从各个环节遏制毒品犯罪侵害公众健康的危险。毒品犯罪从种植、收获、提炼、运输、走私、贩卖和吸食是一个完整的链条,毒品的运输是其中关键的一环。《刑法》设立运输毒品罪,目的就在于切断这根链条,阻断毒品向社会流通的可能性。❹ 吸毒者运输毒品行为具有法益侵害性,不应当以牺牲公众健康为代价保护犯罪嫌疑人的个人权利,因此不论是出于刑法公平正义理念,还是对该犯罪行为预防的必要,都认为应当对吸毒者运输毒品行为定罪处罚。

第三,行为人持有的毒品数量明显超过吸毒人员正常吸食量的,应以运输

---

❶ 杨亚东. 吸毒者运输毒品行为的可罚性问题研究 [J]. 学理论,2012(5).

❷ 杨亚东. 吸毒者运输毒品行为的可罚性问题研究 [J]. 学理论,2012((5).

❸ 张明楷. 刑法学 [M]. 北京:法律出版社,2011:65-66.

❹ 何荣功. 运输毒品认定中的疑难问题再研究 [J]. 法学评论,2011(2).

毒品罪进行惩处。理由如下：① 吸毒人员在运输过程中被抓获，本身就符合运输毒品罪的客观方面构成要件。② 查获的毒品数量远超吸毒人员正常的吸食量，表明其具有促使毒品在社会上流通和扩散的潜在威胁，侵犯了运输毒品罪的客体要件，也可以作为推定行为人主观方面的重要依据。③ 非法持有毒品罪是补充性罪名，主要是发挥其堵截性功能，以有效地遏制毒品犯罪不断扩散的态势，其具有减轻公诉机关证明责任的功能。因此，对运输毒品超过正常吸食量的行为，应由行为人自己证明毒品的来源和用途，反驳运输毒品罪的指控。④ 这也符合我国的立法精神。比如，立法者对非法持有毒品罪的毒品数量规定的最低数量标准：非法持有鸦片数量 200 克以上不满 1000 克，海洛因或者甲基苯丙胺是 10 克以上不满 50 克，或者其他毒品数量较大的。对构成此犯罪的下限，事实上既是一种高度盖然性的推定，也是一种经验的总结，包含了一种平衡。同样，涉及运输毒品，即使行为人是吸毒人员，基于一种推定和考虑，只要满足其正常吸食量即可，对于超出的毒品就需要其做出反证。如果被告人不能做出合理的解释或者举出合理反证予以反驳，就应该承担不利的法律后果，以运输毒品罪对其处罚。❶

（三）动态持有

对于在火车上查获毒品，但无证据证明行为人是要贩卖、走私毒品，能否将这种动态的持有行为认定为运输毒品罪？对此，有以下几种不同的观点。

第一种观点是动态持有说。这种观点认为，非法持有毒品罪持有的本质在于行为人对毒品事实上的支配或占有。就持有的表现形态而言，持有既可以表现为

---

❶ 石魏. 贩卖、运输毒品罪疑难问题解析 [J]. 上海政法学院学报，2013(3).

静态的占有、藏有的行为，也可以表现为随身携带等动态的行为。因此，应避免将凡是随身携带或者乘坐交通工具将毒品从甲地运输到乙地的行为，均认定为运输行为。

第二种观点是长距离运输说。这种观点认为运输的客观行为表现为将毒品从甲地运往乙地。当然，这种运输是指长距离的运输。携带毒品乘坐火车，欲将毒品从此地带到彼地，无论其是为了自己吸食，还是为了实施其他毒品犯罪，其行为已经造成毒品流通范围扩大的结果，其社会危害性要比单纯地持有毒品要大。运输毒品一直以来都被认为为毒品的流通带来了极大的便利。也正因为如此，法律将其与走私、贩卖、制造毒品规定在同一法律条文之中，对其处罚力度要重于非法持有毒品。

第三种观点是目的判断说。这种观点认为，行为人仅仅明知自己所运输的是毒品，并不能构成运输毒品罪，还必须查明行为人为什么运输毒品，是为谁运输毒品，企图把毒品运送给何地、何人。运输毒品罪的运输在刑法意义上有特定的含义，不能简单地从字面含义进行理解，将物品的位移视为运输。也就是说，只有为了贩卖、走私毒品或以其他方式扩散毒品，为了帮助他人贩卖、走私毒品，或者以其他方式扩散毒品而将毒品从甲地带至乙地的行为，才能成为刑法所称的"运输"。不能认为凡是在运输工具或候车场所携带毒品都是运输毒品。

第四种观点是绝对运输说。这种观点认为，根据我国《刑法》第347条第1款规定，运输毒品的构成要件并不必然包含运输目的和意图。强调运输毒品目的与意图，必然造成行为人刻意规避法律，逃避处罚，重罪轻判，最终造成毒品犯罪活动的蔓延与泛滥，违背《决定》关于严惩毒品犯罪活动的宗旨。运输毒品与走私、贩卖、制造毒品处于同一量刑幅度，就是因为运输毒品行为的

· 79 ·

社会危害性在于使毒品的流通与蔓延更加便利。对于那些远离毒源地的吸食者而言，他们自身的购买、运输毒品行为，无形中促成了走私、贩卖毒品犯罪的猖獗。不考虑运输毒品的目的性，正是为了制止走私、贩卖等毒品犯罪，禁止公民长期吸食、注射毒品，保护公民身心健康，维护社会治安秩序。因此，构成运输毒品罪无须查明行其持有毒品的目的和意图。

笔者认为，对于吸毒者在动态持有毒品中被查获的定性问题，《纪要》明确规定："吸毒者在购买、运输、存储毒品过程中被抓获的，如没有证据证明被告人实施了其他毒品犯罪行为的，一般不应定罪处罚；但查获的毒品数量大的，应当以非法持有毒品罪定罪。"因此，吸毒者是在实施走私、贩卖、运输毒品等犯罪过程中被抓获的，应当以走私、贩卖或者运输毒品等定罪处罚；吸毒者确实是在购买、储存用于自己吸食的毒品过程中被抓获，没有证据证实其实施了其他毒品犯罪行为，且毒品数量不大的，可不视为犯罪，但毒品数量较大，达到《刑法》第348条规定的定罪标准的，应当以非法持有毒品罪定罪处罚。

二、代购毒品的行为

（一）代购毒品的概念

代购毒品行为，简而言之就是代为购买毒品的行为。理论上，对代购毒品行为尚未有一个清晰的定义，对代购毒品行为的性质认定也有很大分歧；实践中，代购毒品行为往往跟居间介绍买卖毒品行为相混淆。关于代购毒品的概念，有以下四种观点。

1. 委托购买说

代购毒品行为，简单说就是代购者单方接受购毒者的委托代其购买指定种类、数量或者价格的毒品的行为。代购者与购毒者是委托关系，代购者依附于购毒者而存在，没有购毒者的委托行为便没有代购者之后的代购行为。❶

2. 代理买卖说

代购毒品行为，即接受委托人的委托代理买家购买毒品或代理卖家出售毒品的行为。❷

3. 毒品事先确定说

代购毒品，即托购人单方面委托代购人代买其已经确定好的毒品的行为。❸

4. 跑腿说

代购行为是指委托人事先与贩毒者进行联系，再委托代购者向联系好的贩毒者代为购买指定数量、种类或价格等相对固定的毒品。代购人仅起"跑腿"作用。❹

笔者赞同委托购买说，代购行为是发生在委托合同中，代购人是受委托人委托代理其进行相关活动。代购毒品行为是指代购者接受购毒者的委托为购毒者购买指定数量、种类或价格的毒品。

---

❶ 陈秀娟. 代购毒品行为定性研究——以邱某代购毒品案为例 [D]. 重庆：西南政法大学，2014.
❷ 孙桂京. 对居间介绍毒品犯罪与代购代卖毒品犯罪的理解和运用 [J]. 法制与社会，2012(10).
❸ 陈秋. 代购毒品行为定性研究 [D]. 重庆：西南政法大学，2008.
❹ 孙桂京. 对居间介绍毒品犯罪与代购代卖毒品犯罪的理解和运用 [J]. 法制与社会，2012(10).

（二）代购行为的定性

根据代购行为的表现形式，可以将代购行为分成三种：明知他人购买毒品后是用于贩卖而为他人代购；无偿为他人代购，仅用于吸食的毒品；以牟利为目的为他人代购，仅用于吸食的毒品。一般认为，如果是为走私、贩卖毒品等犯罪人居间代买代购，当然构成走私、贩卖毒品罪等犯罪的共犯。如果是不以牟利为目的而为吸毒者代买代购，如果数量较大，可以对非法持有毒品罪追究刑事责任。《纪要》对此意见加以肯定。如果为吸食、注射毒品者代买用于吸食、注射的毒品，代买者不是为获利，不能与贩卖毒品者形成共犯。但是，在此种情况下，仍然应当根据不同情况做出处理：代买的数量未达到《刑法》第348条规定的非法持有毒品罪构成犯罪数量的，不以犯罪论处；数量达到非法持有毒品罪的构成犯罪数量标准的，托购者、代买者均应当认定为非法持有毒品罪。但是，刑法理论界存在争议，《纪要》对"行为人以获利为目的而帮助吸食、注射毒品者代买毒品的"应当如何定性也没有规定，实践中恰恰是此种情形争议最大。此外，《纪要》并不具有法律效力，只起到指导和参考作用，对于会议纪要定性是否准确理论上也存在不同看法。

（1）明知他人购买毒品后是用于贩卖而为他人代购的，一些学者认为不应当以贩卖毒品罪的共犯追究行为人的刑事责任，而只有视代买者数量的多少，衡量其是否构成非法持有毒品。对此，笔者持反对意见。因为在代买者以在牟利为目的的前提下，应当以贩卖毒品罪追究刑事责任，而不能再以非法持有毒品罪追究刑事责任。凡是在证据证明行为人以牟利为目的，为吸毒者代买毒品以赚取中间差价的，一律应当以贩卖毒品罪定罪处罚。应当认识到，此类行为已经同时具备

了买入和卖出的行为的两重特点，并且具备牟利的犯罪目的，已经在本质上属于贩卖毒品罪的范畴。❶

（2）无偿为他人代购仅用于吸食的毒品的，不管是代购者看到购毒者因毒瘾发作而痛苦，出于同情之心为其购买，也不管代购者是否为购毒者寻找毒品来源，还是只是充当购毒者的工具，为其带回指定毒品，代购者都没有与贩毒者有意联络，主观上都不具有贩卖毒品的故意，不构成贩卖毒品罪；代购者受购毒者委托，代理其购买毒品的行为，其本身行为依附于购毒者而存在，代购者不以牟利为目的按共犯理论。此时，代购者作为购毒者的帮助犯，我国刑法并不处罚购买毒品的行为，只有购买数量达到非法持有毒品罪定罪标准的，才以非法持有毒品罪定罪处罚。

在实践中，会出现代购人多次为不特定人无偿代购毒品的情形。代购人多次代购，但每次代购毒品数量都没有达到非法持有毒品罪定罪标准。对这种行为如何处罚，学者们存在不同看法。一种是无罪说，认为多次为不特定人无偿代购毒品，每次代购毒品数量都没有达到非法持有毒品罪的定罪标准，则说明这种行为的社会危害性显著轻微，不构成犯罪。一种是数量累加说，认为这种行为相比少次为代购者无偿代购毒品行为社会危害性较大。此时，应该把多次代购毒品的数量累计计算。如果超过非法持有毒品罪规定的数量标准的，以非法持有毒品罪定罪；若没有，就按《治安管理处罚法》相应的规定进行拘留或罚款。还有一种次数累加说，认为如果按照上述标准，代购人即使多次代购但毒品数量还是达不到非法持有毒品罪的定罪标准的，无法对代购人进行定罪处理，此时不能以数量作为标准，而应该以代购次数的多少来进行处罚。

（3）以牟利为目的为他人代购仅用于吸食的毒品，理论上存在以下七种争议

---

❶ 刘先武. 贩毒问题研究 [D]. 郑州：郑州大学，2006.

意见。第一种观点认为，以牟利为目的为他人代购仅用于吸食的毒品构成贩卖毒品罪。首先，按照《纪要》的规定，代购者以牟利为目的进行代购，对代购者以贩卖毒品罪定罪处罚；其次，代购者在代购毒品过程中谋取利益，无论其是通过代购行为本身换取一定金钱报酬或得到吸食毒品的机会还是二次加价贩卖，其都是通过毒品直接或间接获得利益，可以看成变价出售行为；第三，从犯罪构成上看，代购者在毒品交易中主观上与贩毒者心态一致，都希望毒品能顺利交易，客观上也努力促成毒品交易的完成，应以贩卖毒品罪论处。

第二种观点认为，构成贩卖毒品罪的共犯。学者运用共同犯罪的理论对代购毒品行为进行分析，共同犯罪中成立帮助犯必须具备两个条件，即主观上有帮助正犯实施犯罪行为的故意，客观上有为正犯提供犯罪所需要的便利条件的行为，以帮助正犯更好地完成犯罪活动。对于为他人代购仅用于吸食的毒品，行为人明知自己的行为会促成毒品买卖交易的结果产生，可以推定行为人对毒品贩卖的结果发生具有放任的主观态度，具备这种故意的前提下，行为人仍实施这种帮助行为，促进毒品交易的完成，应认定行为人构成贩卖毒品罪的共犯。

第三种观点认为，构成非法持有毒品罪，为吸毒者代购毒品的行为，本质是吸毒者购买毒品用于吸食的帮助行为和毒品吸食者的行为一体构成了毒品的购买行为，即使代购者主观上具有牟利的目的，但其本身并不具有独立的交易地位，而是依附于托购者而存在，只能构成吸毒者购买毒品的帮助犯；贩卖毒品罪不以"以牟利为目的"作为其构成要件，因此不能以是否以牟利为目的对代购行为做区分。有偿代购和无偿代购一样，只要为他人代购毒品数量达到一定标准，就按照非法持有毒品罪认定。

第四种观点认为，以牟利为目的，为他人代购仅用于吸食的毒品，代购毒品数量超过刑法规定的非法持有毒品罪定罪标准的,以非法持有毒品罪定罪处罚;否则,不构成犯罪。在贩卖毒品罪中,通过贩卖行为所牟利的利益是以毒品作为对价所交换的价值,与因代购行为所获得的报酬并不相同,《纪要》将代购毒品的牟利界定为变相加价贩卖所获得的利益不符合代购行为的本质。

第五种观点认为,根据我国刑法罪刑法定原则的规定,对代购毒品行为法律并未明确规定为有罪,且会议纪要无法律效力,根据罪刑法定原则,对代购毒品行为的定性找不到明确的法律依据,因此为无罪。

第六种观点认为,毒品犯罪的代购行为只是代购人为了获得少量的报酬,与贩卖毒品行为相比,其主观上的恶性和造成的社会危害都较小,而且代购人在毒品犯罪中的行为只是帮助购买毒品的犯罪行为,若将其行为归类到贩卖毒品的犯罪当中,势必会出现罪刑不统一的情形,因此建议增设独立的罪名对代购行为加以规制。

第七种观点认为,如果代购人变相加价把代购的毒品再卖给购毒者,这便不是代购行为,而是一个独立的二次贩卖毒品行为。

以上几种观点都有其合理之处,但是笔者更赞成第四种观点关于"利益"的界定。在贩卖毒品罪中,通过贩卖行为所牟利的利益是以毒品作为对价所交换的价值,与因代购行为所获得的报酬并不相同,《纪要》将代购毒品的牟利界定为变相加价贩卖所获得的利益不符合代购行为的本质。

(三)代购毒品行为与居间介绍买卖毒品行为的区别

要厘清居间介绍买卖毒品行为和代购毒品行为二者的区别,首先应明确何为居间介绍行为和代购行为。前面在讨论毒品共同犯罪的认定时,对居间买卖毒品行为的性质已经做了探讨。

有观点认为："居间介绍行为指给委托人提供交易机会或媒介服务，在委托人与第三人间发挥桥梁和纽带作用，从中沟通，使双方发生关系并达成交易，即日常生活中俗称的'中介'，❶代购行为是接受委托人的委托代理买家购买毒品或代理卖家出售毒品。居间介绍可分为为购毒者寻找介绍贩毒者，为贩毒者寻找介绍购毒者或者二者兼具三种形式。上述前两种表现形式与代购行为看似相似，其实是两种性质的行为，居间介绍仅是媒介服务，居间介绍人是中间人。实际进行交易的是委托人与第三人，也就是购毒者与贩毒者；而代购行为是一种委托关系，实际进行交易的是受托人与第三人。

有观点认为："居间介绍买卖毒品，是指居间介绍人在双方之间进行居中联系，促成毒品交易的行为；而代购毒品是托购人单方面委托代购人代买其已经确定好的毒品的行为。"❷

有观点认为："代购行为是指委托人事先与贩毒者进行了联系，再委托代购者向联系好的贩毒者代为购买指定数量、种类或价格等相对固定的毒品，代购人仅起'跑腿'作用。"❸

笔者认为，居间介绍行为和代购行为是两种不同的行为方式。居间介绍是一种经纪活动；而代购行为是一种委托活动，代购人是受委托人委托代理其进行相关活动，二者属于不同的范畴。在毒品犯罪中，居间介绍买卖毒品行为是指居间介绍人给购毒者或贩毒者一方或双方提供毒品交易信息或其他媒介服务，以促使贩毒者和购毒者完成毒品交易的行为，居间人独立于贩毒者和购毒者而存在。而

---

❶ 孙桂京.对居间介绍毒品犯罪与代购代卖毒品犯罪的理解和运用[J].法制与社会，2012.
❷ 陈秋.代购毒品行为定性研究[J].西南政法大学，2008.
❸ 孙桂京.对居间介绍毒品犯罪与代购代卖毒品犯罪的理解和运用[J].法制与社会，2012.

代购毒品行为是指代购者接受购毒者的委托为购毒者购买指定数量、种类或价格的毒品。具体来讲,两者存在以下三点差别。

(1)作用不同。在居间介绍买卖毒品中,居间介绍人具有独立的地位。购毒者与贩毒者一般不认识,其在贩毒者与购毒者之间互通信息,起桥梁和纽带的作用。没有居间介绍人的存在,毒品交易就无法完成。居间介绍人客观上既帮助了贩毒者贩卖毒品,也帮助了购毒者购买毒品,其行为又独立于二者之外,具体的毒品交易由贩毒者与购毒者双方完成。而在代购毒品情形下,代购人并不具有独立的地位,其行为具有被动性,其依附于购毒者而存在。代购者只是受购毒者的单方委托,客观上也只是实施了帮助购毒者购买毒品的行为,而没有为贩毒者提供帮助的行为。

(2)主观故意不同。在居间介绍买卖毒品中,居间介绍人在贩毒者与购毒者之间提供交易信息,以促成毒品交易,在主观上既有帮助贩毒者贩卖毒品的故意,也有帮助购买者购买毒品的故意,促成毒品的流通交易,危害较大。而在代购毒品情形下,代购行为具有被动性,其依附于购毒者而存在。没有购毒者的委托,代购人就不会去实施代购。代购者主观上也只是想帮助购毒者购买毒品,相比居间介绍人,代购人主观恶性及社会危害性都较小。

(3)是否经手毒品不同。在居间介绍买卖毒品中,居间介绍人负责在贩毒者与购毒者之间联系,互通信息,以帮助购毒者与贩毒者双方完成毒品交易,居间介绍人并不经手毒品。在代购毒品中,代购人受购毒者委托,相当于以毒品交易的买方而存在,毒品需经代购人购买后再交予购毒者。

有观点认为,购毒者不知购毒来源但想要购买毒品,代购者接受购毒者委托为其寻找毒品来源并代购毒者购买到毒品的行为,属于居间介绍买卖毒品的行为。笔者并不赞同这一观点。上文已经分析了居间介绍毒品行为和代购行为的区别，代购者接受购毒者的委托，相当于代理了购毒者购买毒品的行为，不论其是按购毒者指示向指定的贩毒者购买，还是为购毒者寻找毒源自己购买，其都是作为购毒者的代理人，依附于购毒者而存在，没有独立的地位。因此，对于这种情形，代购人实施的依然是代购毒品行为而不是居间介绍行为。

三、毒品交易特殊形式的认定

（一）互易毒品行为

毒品互易（互易毒品）是一种较为特殊的毒品交易方式，在刑事司法中，对其性质的认定存在一定的困难。将以毒品换取物品、以毒品支付劳务费或偿还债务等行为认定为贩卖毒品犯罪中的贩卖行为，在我国刑法理论和实践中已无争议，但对于互易毒品行为的定性还没有形成统一的认识，这个问题有待进一步探讨。关于互易毒品行为的定性，存在以下七种看法。

1. 狭义互易论

互易毒品是指类别、质量等不同的毒品之间的交换。互易毒品与贩卖毒品之间是一种交叉关系，将互易毒品行为一律不作为犯罪处理或一律作为犯罪处理，在方法论上存在错误。由此而划定的互易毒品的内涵，也为罪刑法定原则所不容。根据互易毒品的形式与实质，结合现行刑法关于涉毒犯罪的规定，确立"相对说"将成立买卖关系的高纯度与低纯度毒品、硬性毒品与软性毒品及相同纯度但数量不等毒品间的互易作为贩卖毒品罪处理，其他情况的互易毒品行为不作为犯罪处

理才是合适的。❶

2. 相对广义互易论

互易毒品不仅包括毒品之间的交换，也包括毒品与其他财物之间的交换。

3. 广义互易论

互易毒品不仅包括毒品之间的交换，也包括毒品与其他财物之间的交换，以及毒品与非物质性利益之间的交换。

4. 区分论

区分论将互易区分为单纯互易和价值互易，并主张将犯罪行为不仅仅局限于贩卖，而是扩展到流通环节中。不论买卖互易、有偿无偿、支付对价还是附条件交易，只要提供毒品造成流通和扩散并达到定量的要求，均应上升为犯罪。❷

5. 贩毒论

贩毒论以物易物是毒品交易中的特殊形式，以一种毒品交换另一种毒品的情形，由于刑法并没有对贩卖毒品的具体形式进行限制，因此只要符合贩卖的实质，就应被纳入贩卖毒品罪的惩治范畴，其数量应该是双方毒品数量之和。因为交易双方使双方毒品都进入了社会流通领域，对国家的毒品管理制度造成了危害，所

---

❶ 刘艳红，梁云宝．互易毒品行为定性"相对说"之提倡——兼与孙万怀教授商榷 [J]．法律科学（西北政法大学学报），2011(1)．
❷ 孙万怀．互易毒品行为的刑法性质评析 [J]．法律科学，2009(2)．

以应以毒品数量之和作为认定双方贩卖毒品的数额。❶

6. 提供论

提供论认为互易毒品行为虽然也具有有偿性和流通性的特点，但互易毒品行为与贩卖毒品行为是有区别的。毒品犯罪的犯罪行为不仅仅局限于贩卖，也涵盖流通环节。无论是买卖还是互易，无论是有偿还是无偿，无论是支付对价还是附条件的交易，只要是提供毒品造成毒品流通和扩散并且达到量的要求的，都可以构成毒品犯罪。❷参照《联合国禁止非法贩运麻醉药品和精神药物公约》有关"生产、制造、提炼、配制、提供、兜售、分销、出售……任何条件交付任何麻醉药品或精神药物"的规定，将提供毒品行为犯罪化，通过改变规范本身的确定性内容来处理互易毒品这一难题。

7. 持有论

互易毒品指行为人以自己拥有的毒品换取他人所拥有的毒品。同一种类不同数量的毒品及不同种类的毒品互易，如果以贩卖毒品定罪，极可能引发罪刑不相适应。此外，贩卖行为的对向性也将互易毒品行为排除在外。假设以毒易毒行为构成贩卖毒品罪，那么双方又互为购买者，对于购买者需以非法持有毒品罪论处。这显然违背了贩卖毒品罪的对向性。因此，以毒易毒行为不宜评价为贩卖毒品罪，而是非法持有毒品罪。

笔者认为，互易毒品行为包括以毒易毒和以毒易物，在本质上都是一种持有状态的改变，是标的物转移之后双方各自的持有状态的改变。此时，刑法应

---

❶ 伍玉联. 贩卖毒品罪"贩卖"二字的真实含义 [J]. 湖南公安高等专科学校学报，2009(5)：39.

❷ 孙万怀. 互易毒品行为的刑法性质评析 [J]. 法律科学，2009(2).

该重新评价现有的持有状态。在以毒易毒的行为发生后，如果双方均达到非法持有毒品罪的数量要求，则均构成非法持有毒品罪，并与之前的毒品类犯罪进行数罪并罚。

（二）贩卖假毒品的行为

在分析贩卖假毒品行为之前，应先弄清假毒品与掺假毒品的区别。假毒品是指完全不含有毒成分，根本不可能使人形成瘾癖的物质；而掺假毒品是指在真毒品中掺入其他物质，但仍含有毒品成分的物质。另外，由于高纯度的海洛因必须经过稀释后才能供人吸食、注射，所以用奎宁碱、水杨酸钠、啡那西宁等药物稀释过的海洛因不能归入假毒品或掺假毒品中。仅就贩卖假毒品的行为而言，理论界出现了罪与非罪的分歧。之所以会出现以上分歧，主要在于对行为进行分析时所持的立场不同。

1. 性质

（1）法益侵害说认为，行为对法律关系的破坏实质上就是行为对法益的侵害。《刑法》规定毒品犯罪是为了保护公众健康，而行为人所贩卖的是假毒品（如面粉）等对公众无害的物品,这就没有侵害或威胁到法益——公众健康，因而不构成贩卖毒品罪。此外，贩卖毒品罪的对象必须是毒品，而贩卖假毒品的行为人客观上贩卖的根本不是毒品，因此该行为不符合贩卖毒品罪的构成要件。

（2）规范违反说认为，刑法规范的实质是社会伦理规范，刑法设置贩卖毒品罪是为了维护社会秩序，而行为人贩卖假毒品的行为违背了公民一般的正义良心,违反了国家对毒品的管制法规,这正是违反了作为秩序基础的社会伦理秩序,因而构成犯罪(未遂)。

(3)结果无价值论认为,贩卖假毒品的行为并未侵害或威胁到结果(法益),不能引起法益侵害的行为在刑法上不具有意义,所以即使行为人有主观恶性,但行为仍不具有违法性。

(4)行为无价值论认为,某行为的违法性根据在于行为本身的反伦理性及行为人的主观恶性。贩卖假毒品的行为人存在贩毒的故意,具有主观恶性,其贩卖毒品的行为本身又具有反伦理性,因此具有违法性,构成贩卖毒品罪。

(5)不能犯的观点。不能犯并不是刑法中的一个法定的概念,而是一个学理上的概念。国外有学者这样定义:不能犯指行为人虽以实现犯罪的意思实施行为,但其行为的性质上发生结果完全不可能的行为。在美国,不能犯即犯罪不能,就是行为人在某些错误认识的情况下实施了不可能完成犯罪的行为。我国刑法理论通说坚持的是狭义的不能犯,把不能犯定位于未遂之一种,包括工具不能犯的未遂和对象不能犯的未遂,不仅可罚,而且毫无例外。

(6)行为犯的观点。"贩卖毒品罪是行为犯,其既遂的标准是贩卖毒品的行为已完成,不要求毒品实际被使用。如果不明知是假毒品而当作真毒品贩卖出去后,实际上行为已经完成,不再存在未遂状态。对象不能犯是针对结果犯而言,而非行为犯,故该理论在此不能适用。因此,将该行为定性为贩卖毒品罪未遂是缺乏理论根据的。

笔者倾向于法益侵害说、结果无价值论和不可罚的不能犯的观点。其一,规范违反说将犯罪扩大化,这与刑法的谦抑精神相悖离。判断行为是否构成犯罪,如果仅仅以违反法规范或法秩序来衡量,那么许多行为均可以纳入犯罪的范畴。例如,非法为他人鉴定胎儿性别、吸食毒品、通奸、卖淫、嫖娼等。其二，规范违反说所维护的"规范"，带有不稳定性。在不同的社会发展阶段，规范的内容往往会发生变化。其三，规范违反说还主张刑法与伦理道德不可分离，但刑罚是一种不得已的恶，若动辄冠以"违背伦理道德"之名而施以刑罚，岂不是会造成一种"恶法亦法"的局面？国民的预测可能性又何在？其四，伦理秩序的维持主要应依靠刑法以外的其他社会机制。如果单纯地依靠刑法，无异于强迫公民接受一种既定的价值观，这就限制了个人的自由，扩大了国家的权力。

笔者赞同结果无价值论的理由：行为无价值论不利于保障人权。因为它片面地强调了行为对规范的违反，而不重视结果的限制，从而会使一些不具有可罚性的反规范行为也受到刑罚处罚，难保个人自由不受国家司法权力的侵犯。此外，行为无价值论还容易导致主观归罪。

按照通说的观点，贩卖假毒品的行为应属于对象不能犯的未遂。比照既遂犯从轻或减轻处罚，也有学者持反对意见。张明楷教授曾举例说明通说的缺陷：甲明知是面粉，而对乙谎称是海洛因并交付乙贩卖。乙误认为是海洛因而贩卖，但被查获。根据通说，甲成立诈骗罪（未遂），乙成立贩卖毒品罪（未遂）。乙的处罚可能远远重于对甲的处罚，这显然不合理。贩卖假毒品的行为不是未遂犯，而是不能犯。在确定不能犯与未遂犯界限问题上，应坚持客观的危险论，即以行为当时存在的一切客观事实为标准，判断有无发生结果的危险。如果行为绝对不可能发生结果则不成立犯罪；如果行为只是偶尔没有发生结果则成立犯罪未遂。贩卖假毒品的行为属于广义不能犯的后一种情形，不具有可罚性。广义的不能犯包括作为犯罪未遂类型之一的可罚的不能犯和不作为犯罪处理的不可罚的不能犯。贩卖假毒品行为作为不可罚的不能犯的理由：第一，该行为完全不可能发生任何危害结果。因为假毒品无论如何也不会使人吸食后形成瘾癖，没有被购买者吸食而危害人身健康的危险。这种不能是行为不能发生预期结果且无危险的绝对不能。如果要罚，依据也仅在于行为人存在主观上的恶意。然而，恶意是一种思想活动，不能单纯作为处罚的理由。第二，对贩卖假毒品行为的不罚还存有经济学的依据，符合刑法谦抑节俭的趋势。对不能犯施刑是对有限刑罚资源的浪费，并且没有效果。对客观上不可能产生危害结果的行为的处罚，究竟能对行为人或一般人产生多大的特殊预防和一般预防的效果，是一个十分值得推敲的问题。

2. 处理

（1）无罪化处理论。贩卖假毒品的行为不易作为犯罪处理。贩卖假毒品行为是行为人的对象认识错误致使危害结果不可能发生的不能犯，行为本身不会对贩卖毒品罪侵犯的法益——公众健康造成威胁或损害。这与上述的六个条件不相符，因此贩卖假毒品的行为不宜作为犯罪处理。

把贩卖假毒品的行为认定为贩卖毒品罪中的贩卖毒品行为，有违罪刑法定原则之嫌。因为贩卖毒品罪的犯罪对象是毒品，毒品是危害行为所作用的法益的物质表现，贩卖行为若不作用于这一特殊对象，则不具有犯罪的社会危害性。

我国刑法学界大多数学者都肯定了主客观相统一原则。在定罪过程中，这一原则表现为"四要件"的统一，即主观要件（故意、过失、目的和动机等）与客观要件（行为、结果、特定的犯罪前提）的有机统一，是确定行为是否构成犯罪、构成何种犯罪的标准。贩卖毒品罪的客观要件是行为人实施了贩卖毒品的行为，然而贩卖假毒品的行为并非刑法意义上的行为，因为行为人在事实上没有贩卖毒品。只有行为人的主观认识活动与行为的客观事实相符，才能称之为主客观相统一。正如走私一般物品的行为不是走私淫秽物品的行为一样，不能因为行为人认为自己走私的是淫秽物品，就认定为走私淫秽物品罪。如果把客观要件撇在一边，只考虑行为人的主观态度，容易导致"主观归罪"，这与主客观相统一原则是背道而驰的。

（2）主观判断论。我国关于对贩卖假毒品行为的处理，最早是1991年4月2日最高人民检察院指出的，"对贩卖假毒品的犯罪案件，应根据不同情况区别处理；明知是假毒品而以毒品进行贩卖的，应当以诈骗罪追究被告人的刑事责任；不知是假毒品而以毒品进行贩卖的，应当以贩卖毒品罪追究被告人的刑事责任。对其所贩卖的是假毒品的事实，可以作为从轻或者减轻情节，在处理时予以考虑。"❶ 后来，最高人民法院也指出，贩卖假毒品一般有两种情况：一种是行为人故意以假充真或明知是假毒品而贩卖获利；另一种是行为人完全不知是假毒品，以为是真的毒品进行贩卖而获利。对于第一种情况，行为人故意以假货冒充毒品贩卖，纯属欺骗，应定为诈骗罪。对于第二种情况，行为人虽然卖出的是假毒品，但他主观上具有贩卖毒品的故意，故应定为贩卖毒品罪（未遂），但在处罚时应根据其犯罪的具体情节，可以比照既遂犯从轻或者减轻处罚。

对于掺假毒品的犯罪案件，如行为人是将精制毒品稀释后贩卖，或用土法加工毒品，因提炼不纯而含有较多杂质的，不论其中有多少其他成分，只要含有毒品，就可以以贩卖毒品定罪。❷ 1994年12月20日，最高人民法院最终确定这一结论，并做了进一步拓展："明知是假毒品而冒充毒品贩卖的，以诈骗罪

---

❶ 最高人民检察院《关于贩卖假毒品案件如何定性问题的批复》。

❷《最高人民法院关于十二省、自治区法院审查毒品犯罪案件工作会议纪要》1991年12月17日法（刑一）发〈1991〉38号。

定罪处罚。不知道是假毒品而当作毒品走私、贩卖、运输、窝藏的，应当以走私、贩卖、运输、窝藏毒品犯罪（未遂）定罪处罚。"❶这一结论得到了刑法学界的一致赞同。这种定性模式的依据：如果行为人故意用假毒品冒充真毒品进行贩卖，其主观故意已不是明知毒品而贩卖牟利，而是具有诈骗故意。这种行为属于诈骗犯罪的范畴之内。如果行为人不知其出售的是假毒品，就不能将其行为认定为诈骗犯罪。因为行为人主观上没有诈骗他人钱财的故意，也未实施隐瞒事实真相或者编造虚假事实的行为。从主观上来说，行为人仍然是具有贩卖毒品的故意的，实施的也是贩卖毒品的行为。虽然行为人误将假毒品当做真毒品来出售，但不是故意用假毒品代替真毒品来出售，而是行为人对犯罪对象错误的认识。这种对犯罪对象的错误认识，并不影响行为人主观上贩毒故意的成立，也否定不了其实施了贩毒行为。虽然由于行为人对犯罪对象的认识错误，使其贩卖的假毒品不具有真毒品的社会危害性，但其贩毒的故意和行为都是存在的，对社会的危害性也是存在的。这种危害指的是贩卖毒品的危害，而不是诈骗行为的危害。由于行为人对犯罪对象的错误认识，使危害社会的结果未发生，故对将假毒品当做真毒品出售的行为，就定为贩卖毒品罪中的未遂。❷这一观点已成为得到普遍承认的通说。

（3）新罪论。前述两种贩卖假毒品的行为之间，只存在主观上对毒品真假认识不同的区别。在这种定性模式下，这种主观认识因素决定了行为的性质与行为所侵害的客体，并进而成为区分诈骗罪与贩卖毒品罪（未遂）的唯一界限。诈骗罪属于《刑法》第五章侵犯财产罪，贩卖毒品罪属于第六章妨害社会管理秩序罪。

---

❶《最高人民法院关于适用〈全国人民代表大会常务委员会关于禁毒的决定〉的若干问题的解释》第十七条第一款。

❷ 张辛陶.毒品犯罪的认定与案例分析[M].北京：人民法院出版社．

二罪之间无论在客体方面，还是在主观方面和客观行为方面，都有很多的不同之处。显然，这是从主观到客观，并用主观解释客观的主观归罪模式。❶

首先，明知是假毒品而冒充真毒品贩卖的行为是否能用诈骗罪来评价。该行为涉及的对象特殊，不能如此简单地看问题。该行为侵犯的客体不仅仅是公私财产所有权这一单一客体，而是侵犯了公私财产所有权和国家对毒品的管制秩序的复杂客体。行为人主观上存在双重故意，即除了非法获取钱财的故意外，还包括明知对方需要毒品，仍有偿为其提供毒品的主观故意。无论行为人对假毒品的认识程度如何，不能否认该行为仍是一种有偿提供毒品的行为。对方购买了毒品后，或者继续出卖，或者自己吸食，对这一点行为人是有清醒认识的。同样，如果行为人贩卖的不是假毒品，而是假药，为什么法律上不以诈骗罪论处呢？原因只在于刑法中有关于生产、销售假药的明文规定，而没有贩卖假毒品的明文规定。将明知是假毒品而冒充真毒品贩卖的行为定性为诈骗罪，只是在法律规定不完善的情况下的一种权宜之计罢了。诈骗罪只有在所贩卖的假毒品对人体健康没有危害且诈骗所得或可得数额较大的情况下，才可适用。在假毒品对人体健康有严重危害，或没有诈骗数额可循但社会危害性严重的情况下，无法适用诈骗罪来评价这一行为。通说观点对该行为的定性模式以偏概全是不恰当的。

其次，不明知是假毒品而当作真毒品进行贩卖的行为是否能认定贩卖毒品罪（未遂）。通说观点以犯罪未遂来加以修正；但这一修正并不能很好地解决对该行为的定罪量刑问题。有学者认为，这是对象不能犯未遂。笔者不同意这种牵强的解释。贩卖假毒品行为仍然是可罚的，只是在现行的法制框架下，没有一个恰当的罪名来评价而已。贩卖假毒品不是一个可以包涵于贩卖毒品罪或诈骗罪的范围

---

❶ 刘先武. 贩毒问题研究 [D]. 郑州；郑州大学，2006.

内的犯罪行为，这在中国香港特别行政区及西班牙的法律条文中已有例可循。在香港特别行政区的刑法中规定："贩运毒品罪在主观上行为人须出于故意，即行为人明知或相信为毒品而贩运。在客观方面，行为人只要具备下列情节之一，便可构成本罪：A 正在或已经实施非法贩运毒品或行为人声称为毒品的物质……"❶西班牙刑法有这样的规定："第三四四之一条，下列情形应处以短期徒刑，并科以西币一万元至一百万元之罚金及停止职业权利。第三项，意图贩卖或以任何其他形式利用，仿造或伪造药品，而使其外表类似真品。"❷ 持此论者认为，为避免在给贩卖假毒品行为定性时出现的种种理论困境，必须重新设立罪名，根据涉案假毒品本身的毒害性来配置法定刑。

四、盗窃毒品的行为

（一）盗窃毒品行为的性质和处理

2013 年 4 月 4 日起实施的《最高人民法院、最高人民检察院关于办理盗窃刑事案件适用法律若干问题的解释》（以下简称《解释》）第 1 条第 4 款规定："盗窃毒品等违禁品，应当按照盗窃罪处理的，根据情节轻重量刑。"该条无疑是盗窃毒品行为入罪的法律依据。然而，关于违禁品能否成为盗窃罪的对象，理论界存在很大争议。

持肯定说的学者认为，占有和持有本身就是盗窃罪的保护利益。即便是违禁

---

❶ 赵秉志. 外向型刑法问题研究 [M]. 北京：中国法制出版社.

❷ 王永成. 打击毒品犯罪实用 [M]. 北京：人民法院出版社.

第五章 毒品犯罪的争议行为

品，只要是在他人的实际占有或者持有之下，就应当加以保护。这也是日本的通说和判例的观点，认为违禁品具有财物的属性，可以成为盗窃罪的对象。我国刑法学界也有观点认为枪支弹药、淫秽物品毒品等属于财物。❶

持否定说的学者认为，违禁品是国家禁止所有和占有的物品，自然持有本身也是非法的，没有加以保护的必要。❷作为盗窃罪保护对象的财物，其本身必须体现一定的所有权关系。既然法律禁止私人所有，国家自然也不能对违禁品享有所有权，违禁品本身不能体现所有权，因而得出结论违禁品不能成为盗窃罪的对象。❸

持折中说的学者认为，应当区别对待不同的违禁品。对于枪支弹药等已经纳入特别法保护的情况下，没有必要再将其作为财物来看待。而对于未作规定的其他违禁品，则可能成为财物，成为盗窃罪的对象。❹

关于盗窃毒品行为的处理，主要有三种看法。第一种观点主张按照《解释》第1条第4款规定，以盗窃罪认定。第二种观点认为应当适用类推，比照刑法最相类似的条文（《刑法》第112条的盗窃枪支、弹药罪）处理。第三种观点则建议从立法上规定盗窃毒品罪这一新的罪名。第四种观点是折中说，排除了类推的可能，建议从立法上规定盗窃毒品罪这一新罪名，但立法上没有规定新的罪名以前，应以盗窃罪认定。❺

刑法对盗窃行为构成犯罪而不以盗窃罪论处的，有三种情况。第一，盗窃

---

❶ 金凯.侵犯财产罪新论[M].北京：知识出版社，1988：11.

❷ 法曹同人法学研究室.详说刑法：各论[M].东京：法曹同人，1990：116-118.

❸ 前田雅英.刑法各论讲义[M].东京：东京大学出版社，1995：166.

❹ 赵秉志.侵犯财产罪研究[M].北京：中国法制出版社，1998：30-31.

❺ 陈涛.对盗窃毒品犯罪定罪处理的几点看法[J].法律适用，1993(1).

某些特定的对象构成犯罪的，反映了所侵犯的客体不同，因而规定了其他罪名。如《刑法》第 112 条的盗窃枪支、弹药罪；第 128 条的盗伐林木罪；第 167 条盗窃公文、证件、印章罪；第 173 条的盗运珍贵文物出口罪；盗窃正在使用中的交通工具、交通设备、通信设备、电力设备的，分别构成破坏交通工具（或交通设备）罪、破坏通信设备罪和破坏电力设备罪。第二，某些特定主体的盗窃行为构成犯罪的，也不以盗窃罪认定。如国家工作人员、集体经济组织工作人员或其他受委托从事公务的人员监守自盗，以《刑法》第 155 条规定的贪污罪认定处罚。第三，对主体和盗窃对象均有特殊要求的，刑法还规定邮电工作人员犯妨碍邮电通信罪而又盗窃财物的，依照《刑法》第 15 条的规定，以贪污罪从重处罚。我国法律没有对盗窃毒品的犯罪规定专门罪刑，所以只能适用《刑法》的有关条款定罪量刑。盗窃毒品的犯罪和盗窃罪所侵犯的客体有一定共性。财产来源的合法性不是盗窃罪的构成要件。《刑法》第 151 条和第 152 条没有规定盗窃非法财产的行为不能构成盗窃罪。从立法上规定盗窃毒品罪的可行性和必要性。同盗窃枪支、弹药罪一样，盗窃毒品犯罪的盗窃对象和侵犯客体与盗窃罪不同。枪支、弹药和毒品都是国家特别管制的物品，国家不允许毒品流通，也不准私人拥有，因此毒品不是一种私人财产。毒品犯罪侵害的客体是国家对毒品的管制。这是一个复杂客体，既侵犯了社会管理秩序（《刑法》第 171 条把毒品犯罪规定为妨害社会管理秩序罪），又侵犯了公民的身心健康。按照《刑法》关于犯罪分类的原则，应将盗窃毒品的犯罪归类为毒品犯罪并规定相应罪刑。只有这样，才能正确体现盗窃毒品犯罪的社会危害性，做到罪刑一致，故从立法上规定盗窃毒品罪是可行的。

（二）盗窃毒品之后行为的认定与处理

一般而言，行为人在盗窃、抢夺、抢劫毒品后，往往会将之进行交易，以获取更大的经济效益；也可能会将毒品私自隐藏，用于个人消费。这样就会因为行为人主观上的差异，而构成不同的违法和犯罪行为，这就涉及复杂的罪数形态问题。概言之，有以下四种情形。

第一，这种观点认为，行为人明知是毒品，为了非法占有该毒品，并用于自己吸食、注射，而盗窃、抢夺、抢劫毒品。这种行为在得逞以后，行为人将毒品藏于家中用于吸食的，应当构成盗窃、抢夺、抢劫罪；非法持有毒品的行为可以作为事后不可罚行为来处理。行为人为了贩卖而进行盗窃、抢夺、抢劫毒品的，在得逞以后进行相应的贩卖行为的，应当以贩卖毒品罪与盗窃、抢夺、抢劫罪分别定罪，实行数罪并罚。如果行为人不知道是毒品而进行盗窃、抢夺、抢劫的，事后知道了所盗窃、抢夺、抢劫的是毒品，并将之藏于家中，在这种情况下，若行为人进行贩卖的，构成贩卖毒品罪，与盗窃、抢夺、抢劫罪实行数罪并罚。若行为人用于自己吸食、注射的，如果达到法定数额的，以盗窃、抢夺、抢劫罪和非法持有毒品罪进行数罪并罚。❶

第二种观点认为，对于事后贩卖毒品的，应根据情况考虑构成贩卖毒品罪；对于不贩卖而仅吸食的，可以不以犯罪处理；对于既不贩卖，也不吸食而非法持有毒品的，根据情况可以构成非法持有毒品罪。❷

第三种观点认为，以盗窃一般财物为目标，却盗得毒品的，事后贩卖、吸食或者非法持有的，属于刑法中的错误论的基本问题。错误论的核心是行为人主观

---

❶ 张洪成. 盗窃毒品等行为后实施毒品犯罪的认定 [M]. 人民公安报，2009-09-07.
❷ 徐志军，王伟民，曹玉玉. 盗窃毒品行为的刑法性质评析 [J]. 净月学刊，2013(5)：88.

认识与客观实际不一致的情况，以一般财物为盗窃对象，而客观上窃得毒品，主客观不统一。因为是事实认识错误，只能在盗窃罪的范围内认定，可以构成盗窃罪，但是事后的贩卖毒品行为、非法持有毒品行为又单独成罪。因此，二者形成吸收犯，按照吸收犯的处理原则，认定构成贩卖毒品罪或者非法持有毒品罪即可，无须与盗窃罪数罪并罚。❶

第四种观点认为，事后不可罚的排除适用。对于盗窃毒品等违禁品的行为应当按照法律规定处理，即如果法律已经对盗窃违禁品的行为作出规定的，按照规定处理。例如，《刑法》第127条规定，盗窃枪支、弹药、爆炸物、危险物质的，构成盗窃枪支、弹药、爆炸物、危险物质罪。而对于法律没有明确规定的盗窃违禁品行为，司法解释不能肆意做出扩张性解释。对于盗窃毒品行为如何处理。在状态犯的场合下，利用该犯罪行为的结果的行为，如果孤立地看，符合其他犯罪构成要件，具有可罚性。但是，由于事后行为被综合评价在该状态犯中，故没有必要另外认定为其他犯罪。❷不可罚的事后行为之所以不另行构成其他独立犯罪，是因为事后行为要么是缺乏期待可能性的行为，如销赃、销毁行为，要么没有侵犯新的社会利益。盗窃毒品的行为没有侵犯公私财产权，但是事后的贩卖、非法持有毒品的行为却侵犯了国家对毒品的正常管理秩序，侵犯了新的社会利益，所以需要对事后行为单独定罪。因此，在盗窃毒品后又贩卖、非法持有的情况下，事后不可罚的原则不适用。

---

❶ 徐志军，王伟民，曹玉玉.盗窃毒品行为的刑法性质评析[J].上海公安高等专科学校学报，2013(5).
❷ 张洪成.毒品犯罪争议问题研究[M].北京：法律出版社，2011：190.

第六章　毒品犯罪的再犯与累犯

一、毒品犯罪的再犯

我国《刑法》第356条规定，因走私、贩卖、运输、制造、非法持有毒品罪被判过刑，又犯本节规定之罪的，从重处罚。这一规定在中国刑法学界被称之为毒品再犯。其构成也具备三个要件：其一，本条先犯的罪限定为走私、贩卖、运输、制造、非法持有毒品这五种犯罪，这是构成再犯的前提条件。如果行为人曾实施的不是上述五种犯罪形式之一的其他毒品或非毒品犯罪，则不构成毒品犯罪再犯。其二，行为人因犯走私、贩卖、运输、制造、非法持有毒品的犯罪被判过刑，是构成再犯的首要条件。被判过刑既可以是被判过实刑，也可以是被判过缓刑；既可以是无期徒刑，死刑缓期二年执行，也可以是有期徒刑、拘役和管制，抑或是主刑或附加刑中的任何一种刑罚。如果行为人曾犯《刑法》第356条规定之罪，但被人民检察院免予起诉或者人民法院判决行为人无罪或被判有罪但免除刑罚的情况，均不属于"被判过刑"的范围。其三，行为人现行之罪必须是毒品犯罪，而且必须是本条规定的五种毒品犯罪中的任何一种或数种罪。再犯之罪的罪名并不一定与被判过刑的罪名是同一罪名,只要符合了本条规定的犯罪种类,就构成了本款规定的再犯情节。

关于毒品犯罪的再犯问题,争议较大的主要是对《刑法》第356条的规定的理解。主要有以下八种代表性观点。

第一,特别再犯说。近年来,特别再犯说基本处于通说的地位。特别是2008年《纪要》中提出"根据《刑法》第356条规定,只要因走私、贩卖、运输、制造、非法持有毒品罪被判过刑……都是毒品再犯,应当从重处罚",明确地支持了这一观点。❶

第二,特别累犯说。尽管特别再犯说得到了主流的支持,但认为《刑法》第356条属于特别累犯条款的仍不在少数。该说主张,首先,从再犯的分类看,累犯是再犯的一种,即本质上也是实施了两次或者两次以上犯罪的人,只是因为再犯的范围涵盖太广,立法者为了重点打击那些主观恶性较大、社会危害性较为严重的犯罪,而从其中分离出一部分作为累犯从重处罚。例如,我国将前后主观上均为故意的、前罪刑度为有期徒刑以上的再犯作为累犯从重打击。与此类似,立法者基于"严打"某类犯罪的目的,又从累犯中分离出一部分,作为特别累犯从重处罚,如被我国列为特别累犯的危害国家安全罪就是重点打击的对象。因此,特别累犯就是需要纳入刑法评价的特定类型犯罪的再犯,或者说是特定类型犯罪的累犯。《刑法》第356条正符合了这一特征。其次,从条款内容看,《刑法》第356条与第66条无论是在主观要件(前后均为故意犯罪)、罪质要件(前后均为特定类型的犯罪)、时间要件(前后罪之间无时间限制)、罪数要件(两次以上犯罪),还是在处理原则(均为从重处罚)上,都有实质的一致性。❷

---

❶ 李海滢.毒品再犯之我见 [J].当代法学,2002(2).

❷ 路漫.现行累犯制度的不足及完善 [N].人民法院报,2003-11-03.

第三，特殊政策法律化说。除特别再犯说与特别累犯说以外，还有一种观点认为《刑法》第 356 条既不是特别累犯条款，也不是特别再犯条款，只是针对毒品犯罪特殊政策的法律化。❶

第四，常习犯说。这种观点则受日本刑法中常习累犯的影响，认为是关于毒品犯罪的常习犯规定，而不是所谓再犯的规定，毒品再犯概念应予放弃。《刑法》第 356 条是毒品犯罪的常习犯的规定，而不是所谓毒品再犯。该说认为，对于毒品犯罪中出现的以毒品犯罪为业，或行为人已经形成了毒品犯罪习惯的情况，应该将其承认为毒品犯罪的常习犯。对于这样的常习犯应予从重处罚，而不论其后犯行为是否发生在前犯刑罚执行完毕或赦免 5 年之内。❷ 其从重依据来自行为人责任主义的观点，是对《刑法》第 356 条规定的解释结论。对于常习行为人刑罚执行完毕或者赦免以后，在 5 年以内再犯毒品犯罪，如果同时符合《刑法》第 356 条的规定，则成立累犯条款与常习犯条款实体竞合的现象，这是刑法有关累犯规定条款的基本要求。在这种情况下，应同时适用从重处罚的规定，即对行为人在基础刑的前提下予以两次从重处罚，一次从重来源于行为人的常习性，一次从重来源于行为人的行为责任。两次从重的具体操作方式与同时具有多个从重、从轻情节的量刑衡量方式相同。

第五，形式的特别再犯、实质的特别累犯说。持此论者更赞同《刑法》第 356 条是一种特别累犯的规定，与第 66 条具有同质性。但认为在涉及对条款的具体适用与评价，还是应该严格遵循罪刑法定的原则为妥。我国《刑法》仅仅明确了危害国家安全累犯为特别累犯，故为行文严谨，仍选用了"毒品特别再犯"的概念表述。❸

---

❶ 王静. 累犯制度若干问题研究 [D]. 四川大学，2005.

❷ 曾粤兴，蒋涤非. 毒品犯罪若干刑罚问题新议——以大陆刑法理论为研究视角 [J]. 北方法学，2007(3).

❸ 龙潭，蒋淳之. 毒品犯罪特别再犯条款研究 [J]. 贵州警官职业学院学报，2011(6)：37.

第六，特殊累犯说。该学说认为我国《刑法》第356条的实质就是特殊累犯。❶毒品累犯应当与危害国家安全罪累犯一样，都是我国特别累犯的一种。由于毒品犯罪的社会危害性极其严重，该条规定与刑法中关于危害国家安全罪累犯的规定含义相同。只要是因为犯走私、贩卖、运输、制造或非法持有毒品罪，无论被判过什么刑，无论何时再犯，均以累犯论处。

第七，法定从重情节说。该种观点认为，我国《刑法》第356条不是现存的特别累犯制度，也不是将存的再犯制度，只是一个法定从重情节。这个从重情节与《刑法》第65条、第71条存在竞合关系，在适用法律时，一方面应把握严厉打击毒品犯罪的立法精神；另一方面不能对这一精神僵化理解，对于毒品犯罪再次犯罪人苟以过于严格的处罚，这也符合我国宽严相济的基本刑事政策。也就是说，当犯罪人的行为满足累犯条件时，不可适用《刑法》第356条而放纵犯罪人，而应适用第65条的累犯条款；当犯罪人的行为满足数罪并罚的条件时，不可适用《刑法》第356条，而应适用第71条的数罪并罚。❷

第八，一般累犯说。提出累犯说的理由：首先，《刑法》第356条规定的毒品再犯不是累犯的特殊形式，而是对毒品犯罪再犯从重处罚的特别规定。该条应仅适用于不符合累犯条件的再犯。其次，从刑法罪刑相适应原则看，由于毒品犯罪人的主观恶性大、社会危害极其严重。例如，以毒品再犯论处往往会产生从轻判处的问题，因为一般累犯不能适用缓刑和假释，而毒品再犯却可以，故在出现竞合情形时，均可直接援引《刑法》第65条以一般累犯处。最后，从法条竞合的适用原则看，法条竞合适用的一般原则是特别法优于普通法、特别条款优于普通条款，但也存在一个重法优于轻法的例外原则。由于我国《刑法》

---

❶ 杨新京，张继政. 论毒品犯罪累犯 [J]. 人民检察，2002(6)：51.
❷ 常秀娇. 再犯毒品犯罪情节的定性与司法适用 [J]. 河南警察学院学报，2012(1)：71.

第74条和第81条分别规定一般累犯不适用缓刑、不得假释，因而一般累犯的规定与毒品再犯的条款相比应属重法，当发生法条竞合时，理应适用《刑法》第65条的规定。❶

笔者认为，上述几种观点都有一定的道理，但都存在不足之处。特别再犯说目前是学界的通说观点。持该说的学者强调累犯制度与《刑法》第356条规定的区别，认为第356条是将再犯从重制度法律化，确立了再犯制度，再犯制度与累犯制度是两个并行的刑罚裁量制度。再犯从重制度比累犯制度更为严厉，从重处罚的范围比累犯制度规定得更宽，体现了对毒品犯罪从严惩处的立法精神。然而，以再次犯罪来概括毒品犯罪领域具有毒品犯罪常习性的行为人，则不免失之过宽。一方面，再犯不是一个刑法理论的专业指导术语，至少在目前可见的官方认可的刑法教科书中，几乎看不到有关再犯概念的分析内容，其内容不明，成立条件也无从知晓；另一方面，从字面上看，再犯既可以包括刑罚执行完毕或者赦免以后，在5年以内的再犯的累犯情况，也可以包括以毒品犯罪为习惯的常习犯，在未对再犯概念做出说明之前，将常习犯现象包括在再犯概念中，二者之间的关系（常习犯与再犯是具有重合关系还是具有从属关系）难以区分。

特别累犯说认为，《刑法》第356条规定：因走私、贩卖、运输、制造、非法持有毒品罪被判过刑，又犯本节规定之罪的，从重处罚。该条是关于毒品累犯（或毒品再犯、毒品特别累犯）的规定。如果以我国刑法理论来解释，前述结论值得商榷。我国刑法理论区分了累犯（《刑法》第65条）和特别累犯（《刑法》第66条）。在一般累犯场合，只要前罪被判处有期徒刑以上刑罚，刑罚执行完毕或者赦免以后，在5年以内再犯应当判处有期徒刑以上刑罚之罪的，即成立一般累犯；在特别累犯场合，只要犯罪分子前后所犯均为危害国家安全的

---

❶ 马晓明，朱嘉麟. 浅析一般累犯、特殊累犯与毒品（犯罪）再犯之关系 [J]. 今日中国论坛，2012(11).

犯罪，就成立特别累犯。从条款内容看，《刑法》第356条与第66条关于危害国家安全累犯条款存在诸多不同。如第66条要求前罪与后罪的范围一致，但第356条的前罪范围仅限于5个特定罪名；又如第66条的时间起点与第65条一般累犯条款一致，均是在刑罚执行完毕或者赦免以后，但第356条则是在因前罪被判刑之后。其次，一方面，从刑法体系看，《刑法》总则中已专门规定了累犯制度，包括一般累犯与特别累犯两个条款，形成了一个逻辑体系，故立法者不可能将其他特别累犯条款散落在分则之中；另一方面，《刑法》第356条从重处罚与第66条以累犯论处在用语上存在明显差别，体现了立法者对于二者区别看待的意图。

将《刑法》第356条的性质定位为"特殊政策法律化"和"常习累犯条款"都是站不住脚的。特殊政策法律化的观点本身并没有问题，但只是一种表面的理解，仅仅揭示的是条文的立法目的而非其性质，况且明文规定的特别累犯条款也是基于特定的政治目的而成为特殊政策的法律化。常习累犯条款的观点所称的常习累犯，概括起来就是因形成习性而反复实施某种犯罪，故对于常习累犯的规定必须将前罪与后罪限定为同一罪名。但根据《刑法》第356条之规定，即使前后两罪不同，如前罪为贩卖毒品罪，后罪为容留他人吸毒罪，也应从重处罚，显然这两个罪名的先后成立并不能反映犯罪的常习性。

形式的特别再犯说、实质的特别累犯说，本身在逻辑上就是矛盾的。持此论者内心虽更倾向于特别累犯的说法，而在形式上仍表述为毒品特别再犯的概念，其实是自相矛盾的。

特殊累犯说的观点在实质上与特别累犯说是一样的，只是称谓有所不同而已。

至于常习犯的观点，在我国的刑法理论中，很少出现常习犯这一概念，最多在罪数论部分会对常习犯的罪数认定提到一下，但内容极其简短，也没有学者在此方面作过专门研究。事实上，常习犯现象不只在赌博、盗窃等场合出现，在毒品犯罪场合也会出现。例如，以贩养吸的行为人刑罚完毕后毒瘾复发，或难以支付吸毒所欠债务，在经济支持难以为继的情况下又重操以贩养吸旧业，这种现象在实践部门查获的案件中普遍存在。

二、毒品特别再犯条款适用的疑难问题

（一）毒品特别再犯条款与一般累犯条款的竞合

由于毒品特别再犯条款对于前罪的刑罚程度，以及前罪与后罪的时间间隔均未限制，故那些因走私、贩卖、运输、制造、非法持有毒品罪被判处有期徒刑以上，而在刑满释放后5年内又犯毒品犯罪的情形，既符合《刑法》第356条的规定，成立毒品再犯，又符合《刑法》第65条的规定，成立一般累犯。这就涉及司法适用中一个久存争议的问题，即毒品特别再犯条款与一般累犯条款的竞合。对于这一法条竞合问题，最初的官方意见：这种情况汇报只适用毒品特别再犯条款。2004年，最高人民法院《纪要》指出："对依法同时构成再犯和累犯的被告人，今后一律适用《刑法》第356条规定的再犯条款从重处罚，不再援引刑法关于累犯的条款"。最高人民法院通过"纪要"的形式将《刑法》分则条款的效力凌驾于总则条款的效力之上，其合法性暂且不谈，其规定本身存在一定的不合理性。因为不适用累犯条款的可能后果是毒品累犯可以适用缓刑、假释，但其他一般累犯却反而不能适用缓刑、假释，这有悖于对毒品再犯从重打击的精神。出于这一考虑，最高人民法院最终彻底推翻了《全国法院审理犯罪案件工作座谈会纪

要》的相关意见，变更规定："对同时构成累犯和毒品再犯的被告人，应当同时引用刑法关于累犯和毒品再犯的条款从重处罚。"

在毒品犯罪一般累犯与再犯竞合时的法律适用上，有学者认为，应适用《刑法》第65条关于一般累犯的规定。只有在毒品犯罪不构成一般累犯的情况下的再犯，才能适用毒品犯罪再犯的规定。理由如下：第一、我国刑法罪刑相适应原则要求，刑罚的轻重应与犯罪的轻重相适应，既要与犯罪性质相适应，又要与犯罪情节相适应，还要与犯罪人的人身危险性相适应。也就是说，应以犯罪人客观行为的侵犯性与主观意识的罪过性相结合的社会危害程度，以及犯罪主体再次犯罪的危险性作为刑罚的尺度。毒品犯罪是当今社会一种非常严重的犯罪，它严重损害吸食者的身心健康，导致家庭破裂和暴力，影响社会的和谐稳定。毒品犯罪一般累犯，从犯罪性质、社会危害性和犯罪的主观恶性，都较毒品再犯严重。另外，在现实生活当中，由于毒品犯罪的高利润、高回报，使一些毒品犯罪分子不惜铤而走险。毒品犯罪一般累犯说明犯罪主体再次犯罪的危险性比再犯大，如适用《刑法》第356条规定，不仅有违我国刑法罪刑相适应原则，也有违刑法打击和预防的目的。第二，从法条竞合的适用原则看，所谓法条竞合是指一个犯罪行为符合数个法律条文的规定，由于数个法律条文之间存在包容或者交叉的关系，只能适用其中一个法律条文的情况。法条竞合适用的一般原则是特别法优于普通法、特别条款优于普通条款，但也存在一个重法优于轻法的例外原则。由于我国《刑法》第74条和第81条规定一般累犯不适用缓刑，不得假释，因而毒品犯罪一般累犯与再犯相比应属重法。在发生法条竞合时，应适用《刑法》第65条的规定。❶

另有一种观点认为，这一规定虽然解决了一般累犯条款与毒品再犯条款的冲

---

❶ 朱建军.毒品犯罪一般累犯与再犯竞合时的法律适用[N].人民法院报，2007-05-01.

突问题，但仍然存在不合理性。毒品累犯虽然触犯了两个法律条款，但其毕竟只是一个犯罪行为；其之所以因构成累犯或者因构成毒品再犯而被从重处罚，归根结底都是出于从严打击的政策需要。若对毒品累犯同时适用两个条款，就意味着对同一个犯罪行为进行三次刑法评价——构成犯罪的量刑评价、构成累犯的量刑评价、构成再犯的量刑评价。这显然不符合罪行相适应原则，因为即便是危害国家安全累犯这样严重的犯罪，都只需通过两次刑法评价。[1]

（二）毒品特别再犯条款与数罪并罚条款的竞合

按照前述的时间条件，只要因五种特定犯罪判过刑，就都可以构成毒品再犯，而不论刑罚执行完毕与否。故在缓刑、假释或者暂予监外执行期内，只要又犯毒品类罪的，就成立毒品再犯。对此，2007年最高人民法院以批复的形式加以肯定，《纪要》则再次予以确认。这便又产生了一个法条竞合问题，即在缓刑、假释或者暂予监外执行期内又犯毒品类罪的情况下，到底适用数罪并罚条款，还是毒品再犯条款？《纪要》规定："应当在所犯的新的毒品犯罪适用《刑法》第356条从重处罚的规定确定刑罚后，再依法数罪并罚。"这一规定明确了两项原则：一是数罪并罚条款与毒品再犯条款的同时适用；二是毒品再犯条款的优先适用。但笔者认为其并不合理。

关于毒品特别再犯条款与数罪并罚条款的竞合问题，学界存在不同看法。一种意见认为，不应适用《刑法》第356条毒品再犯的规定，不能对新犯之贩卖、运输毒品罪从重处罚。理由是《刑法》第356条规定的"又犯本节规定之罪的"，应仅限于前罪刑罚执行完毕或者赦免以后又重新实施毒品犯罪。因为《刑法》第

---

[1] 朱建华.毒品犯罪再犯与累犯竞合时的法律适用[J].人民检察，2006(9)：61.

356条规定的毒品再犯，属于累犯的特殊情形，应当受"刑罚执行完毕或者赦免以后"规定的制约。如果被告人在原判刑罚尚未执行完毕以前重新犯罪的，因其不属于"刑罚执行完毕或者赦免以后"的情形，不能认定为毒品再犯，而只能依法实行数罪并罚。❶

另一种意见认为，《刑法》第356条规定的毒品再犯，属于累犯的特殊形式，不受前罪刑罚必须执行完毕的时间限制。笔者同意第二种意见，理由如下：第一，在对《刑法》第356条中毒品再犯"被判过刑"理解问题上，如果增加"刑罚执行完毕或者赦免以后"的限制，显然违背了立法原意。我国《刑法》第65条、第66条在规定一般累犯与特别累犯时，都做了"刑罚执行完毕或者赦免以后"的明确规定。如果《刑法》第356条也包含这种限制，那么《刑法》应当明示，而不必使用"被判过刑"的表述。其实，"被判过刑"这个规定本身是很清楚的，按照常理理解就可以了。《刑法》第356条之所以规定一个毒品再犯从重处罚制度，就是为了更严厉地打击毒品犯罪。对新犯之罪人为地增加"刑罚执行完毕或者赦免以后"的时间限制，就会使在刑罚执行期间又犯毒品犯罪的情况得不到从重处罚，这显然不符合《刑法》第356条的立法意图，难以发挥该制度的威慑作用。第二，数罪并罚制度与对数罪中某一个犯罪从重处罚并不矛盾。我国刑法规定了很多量刑情节，就从重处罚的量刑情节而言，包括因特定主体、结果、情节、时间、地点而加重等情形。《刑法》第356条对毒品再犯的规定也属于一种从重处罚的量刑情节。但所有这些量刑情节都可以与数罪并罚制度并存，因为它们体现的是不同的法律关系。在刑罚执行期间又犯新罪而数罪并罚，并不排斥对新罪的从重量刑。第三，从刑法理论上讲，后罪成立累犯，并不必然要求前罪刑罚已经执行完毕或者被赦免。我国《刑法》总则规定的累犯，的

---

❶ 卢有学.监外执行期间实施毒品犯罪是否从重处罚[N].检察日报，2006-11-24.

确需要后罪发生在前罪刑罚执行完毕或者赦免以后，但从国外的立法来看，并不必然需要为累犯设定这种时间限制，如巴西。这就是刑法理论上所说的广义累犯制度。因此，承认毒品再犯是一种特殊累犯，不妨碍对行为人所犯新罪进行从重处罚。

与上述两大缺陷相对应，笔者认为，毒品犯罪特别再犯条款完善问题的解决策略不外乎以下三点。

（1）排除对轻罪再犯的从重处罚。现行立法将毒品特别再犯的前罪限制在几种重罪范围内，只能造成执法的机械性。既然高发性及严重性不是这几种犯罪的排他性特性，不如将前罪范围扩大至整个毒品犯罪，并通过提高前罪的刑度来排除较轻的犯罪。至于前罪刑度的设计，可以借鉴累犯条款"有期徒刑以上"的规定，以统一我国刑法对再犯从重处罚的刑度要求。

（2）排除数罪并罚条款的适用。未接受刑罚改造（免予处罚）的犯罪分子，其性质上也属于轻罪再犯，应予以排除。而未接受完刑罚改造（缓刑、假使考验期或者暂予监外执行期内）的犯罪分子，既然已经有数罪并罚条款予以约束，就无须重复评价。建议将再犯的时间起点限制在前罪刑罚执行完毕以后，这样就可以很好地解决这一问题。

（3）排除一般累犯条款的适用。要将特别再犯条款的效力提升于一般累犯条款之上，必须得到法律的明确授权。授权的方法有两种途径：其一，明示授权，即不改变现行条款在刑法中的地位，而增加一个条款明确排除一般累犯条款的适用。其二，默示授权，即让该条款回归本来的位置，以特别累犯之名行特别再犯之实，排除一般累犯条款的适用。显然，从整个刑法的协调性考虑，后一方法更为妥当。将上述策略组合在一起，可得出完善现行毒品特别再犯条款的方案，即将"因犯毒品犯罪而被判处有期徒刑以上刑罚，在刑罚执行完毕以后再犯毒品犯罪的犯罪分子"作为特别累犯从重处罚。不难看出，这与现行刑法中特别累犯条款的构成几乎一致。原因很简单，二者本来就具有同质性——对特定种类犯罪再犯的惩罚性条款，只是被人为地割裂了这种联系。

在对毒品犯罪案件的法律适用上，在司法实践中，会存在既符合一般累犯的规定，同时又符合毒品再犯规定的竞合，即存在法条竞合。笔者认为，对此应以一般累犯论处，即适用《刑法》第65条关于一般累犯的规定。理由如下：一是《刑法》第356条规定的毒品再犯不是累犯的特殊形式，而是对毒品犯罪再犯从重处罚的特别规定，该条应仅适用于不符合累犯条件的再犯。二是从刑法罪刑相适应原则看，由于毒品犯罪人的主观恶性大、社会危害极其严重，如以毒品再犯论处往往会产生从轻判处的问题。因为一般累犯不能适用缓刑和假释，而毒品再犯却可以，故在出现竞合情形时，均可直接援引《刑法》第65条以一般累犯处罚。三是从法条竞合的适用原则看，法条竞合适用的一般原则是特别法优于普通法、特别条款优于普通条款，但也存在一个重法优于轻法的例外原则。由于我国《刑法》第74条和第81条分别规定一般累犯不适用缓刑、不得假释，因而一般累犯的规定与毒品再犯的条款相比应属重法，当发生法条竞合时，理应适用《刑法》第65条的规定。

（三）竞合时的法律适用：《刑法》第356条与第65条交叉重叠时，司法中应如何对行为人适用法律

对这个问题实务界和学界都存有分歧，主要有以下三种观点：

第一，适用《刑法》第356条的规定。持这种观点的学者认为，我国《刑法》

在总则中规定了累犯从重处罚,是普通法;在分则中规定了对毒品犯罪再次犯罪从重处罚,是特别法。按照特别法优于普通法的原则,应当按照《刑法》分则第356条的规定处罚❶。

第二,适用《刑法》第65条的规定。持这种观点的学者认为,《刑法》第356条是鉴于毒品犯罪的严重性才做出的规定。如果对符合累犯条件的也仅适用该条规定,则意味着对符合累犯条件的毒品犯罪人仅以再次犯罪论。我国刑法明确规定累犯不得适用缓刑、假释,但适用《刑法》第356条的毒品累犯完全可以适用缓刑、假释的规定,而其他犯罪的累犯则不得适用,这显然有失公允。因此,应当认为对于符合累犯条件的,必须适用总则关于累犯的条款,不再适用《刑法》第356条❷。

第三,同时适用《刑法》第65条和第356条的规定。持这种观点的学者认为,《刑法》第356条的规定并没有取消《刑法》总则中关于累犯的规定,对符合累犯条件的毒品犯罪分子,尽管在选择适用法条时要援引《刑法》第356条从重处罚的规定,但却仍然要考虑同时触犯《刑法》第65条而构成累犯的情形。❸

2000年《纪要》明确指出:"关于同时构成再犯和累犯的被告人适用法律和量刑的问题。对依法同时构成再犯和累犯的被告人,今后一律适用《刑法》第356条规定的再犯条款从重处罚,不再援引刑法关于累犯的条款。"由此可见,2000年《纪要》采纳了第一种观点,这确实有利于司法操作上的方便。而2008

---

❶ 赵长青.中国毒品问题研究——禁毒斗争的理论与实践[M].北京:中国大百科全书出版社,1993:346.

❷ 张明楷.刑法分则的解释原理[J].北京:中国人民大学出版社,2004:59.

❸ 高秀东,孟庆华.再犯与毒品再犯的刑事责任问题探讨[J].南都学坛(人文社会科学学报),2007(3).

年《纪要》修改了2000年《纪要》的规定,指出:① 只要因走私、贩卖、运输、制造、非法持有毒品罪被判过刑,不论是在刑罚执行完毕后,还是在缓刑、假释或者暂予监外执行期间,又犯《刑法》分则第六章第七节规定的犯罪的,都是毒品再犯,应当从重处罚。② 对同时构成累犯和毒品再犯的被告人,应当同时引用刑法关于累犯和毒品再犯的条款从重处罚。目前,司法实践中也是这样操作的,判决书可以找到同时引用两个条文的陈述。2008年《纪要》采用了第三种观点。但笔者认为,无论是第一种观点还是第三种观点都具有严重的缺陷。就第一种观点而言,首先此种观点得以做出结论的理论基础不成立。我国《刑法》第356条与第65条不是特别法与普通法的关系。因为特别法条的构成要件是较狭义的"种",普通法条的构成要件是较广义的"属"。前者是下位概念,后者是上位概念。因此,特别法条的构成要件的实现,必然包含普通法条的构成要件的实现。❶ 如果《刑法》第356条是特别法,第65条是普通法,则满足《刑法》第356条的适用条件,必然也符合累犯的适用条件。当行为人因非法持有毒品罪而被判处有期徒刑以下刑罚,尔后又因毒品犯罪被判处刑罚的,符合《刑法》第356条的适用条件,但是不符合累犯对于前罪刑种的要求。其次,此种观点司法适用的结果有违刑法基本原则。2000年《纪要》的规定会导致对于符合累犯条件的毒品犯罪可以适用缓刑、假释,而符合累犯条件的其他犯罪却不能适用缓刑、假释。这样一来,一方面,违反了我国刑法对于累犯不得适用缓刑的规定,不符合罪刑法定原则;另一方面,立法精神上对毒品犯罪体现为从严打击,但2000年《纪要》的规定反而放松了对于毒品犯罪的打击,有违毒品犯罪的立法精神和罪责刑相适应原则。就第三种观点而言,结合上文"禁止重复评价原则"的分析,显然也不可取。而以上剖析也正是第二种观点的论证所在。综上所述,笔者认为,当《刑

---

❶ 陈志辉. 刑法上的法条竞合[M]. 北京:法律出版社,1998:43.

法》第 356 条与第 65 条发生重合时，应适用《刑法》第 65 条，排除《刑法》第 356 条的适用。

三、对于适用再犯毒品犯罪从重情节的犯罪人能否适用缓刑、假释

对于适用再犯毒品犯罪从重情节的罪人能否适用缓刑、假释，对此我国学界也存有争论。

持肯定观点的学者多认为，对于适用《刑法》第 356 条的犯罪人，当然能够适用缓刑、假释，对原因论证少有涉及。❶

持否定观点的学者认为，即使对犯罪人适用的是《刑法》第 356 条，也不能适用缓刑、假释。❷ 其论述总体有两点理由：第一，《刑法》第 356 条的规定并没有取消《刑法》总则中关于累犯不得适用缓刑的规定，也没有否定关于累犯不得适用假释的规定。因此，对符合累犯条件的毒品犯罪分子，尽管在选择适用法条时要援引《刑法》第 356 条从重处罚规定，但却仍然要考虑同时触犯《刑法》第 56 条而构成累犯的情形。应按照《刑法》第 74 条、第 81 条对累犯的禁止性条款，对符合累犯条件的毒品犯罪分子不得适用缓刑和假释。第二，适用缓刑、假释需要具备一定的条件，行为人再犯同种罪行，表明其人身危险性大、主观恶性深，不符合适用缓刑、假释的条件。

---

❶ 邢瑞. 质疑我国《刑法》第 356 条的合理性 [J]. 甘肃行政学院学报，2003(4).
❷ 朱建华. 毒品犯罪再犯与累犯竞合时的法律适用 [J]. 人民检察，2006(9).

笔者支持肯定说，认为否定说的观点有待商榷。首先，否定说的第一点理由明显违背了"禁止重复评价原则"。行为人再犯毒品犯罪的一个事实经过符合《刑法》第356条从重处罚和符合《刑法》第65条构成累犯不得缓刑、假释的两次评价，有违刑法基本理论。其次，适用缓刑、假释的确需要具备一定条件，但是否具备应由法官根据案件情况综合考虑后认定，能否仅仅因为行为人再犯同种罪行就不予适用呢？笔者认为不然。能否适用缓刑、假释涉及被告人的基本权益，绝对排除适用必须由立法明确规定，如《刑法》第74条、第81条，切不可推断。否定说的观点是从严厉打击毒品犯罪的立法精神出发考虑问题，但是对其过于僵化和泛化的理解，忽视被告人的权利，不可采纳。笔者认为，按照禁止重复评价原则，对于一个犯罪行为如果认定适用《刑法》第356条，就不能再适用第65条，不能认定为累犯，不需承担累犯的法律后果，不必排除缓刑、假释的适用。对适用《刑法》第356条的犯罪人，可以适用缓刑、假释；对适用累犯条款的犯罪人，必须排除缓刑、假释的适用。这也是在《刑法》第356条和第65条发生重合时，必须确定法律适用的重要原因。

第七章 毒品犯罪形态研究

以毒品犯罪停止下来时是否已经完成为标准,可以将毒品犯罪的停止形态分为两种基本类型:一是毒品犯罪的完成形态,即毒品犯罪的既遂形态;二是毒品犯罪的未完成形态。在毒品犯罪的未完成形态这一类型中,又可以根据其停止下来的主客观原因或其距犯罪完成的先后等情况的不同,进一步将犯罪的未完成形态区分为毒品犯罪的预备形态、未遂形态和中止形态。

无论在理论界,还是在司法实务界,均没有形成关于毒品犯罪的犯罪形态的统一认识。国内关于毒品犯罪形态的研究,也是大多散见于司法个案的探讨运用分析之中,缺乏系统理论的研究。针对不同毒品犯罪行为,存在大量的分歧意见。仅以贩卖、运输毒品犯罪为例,毒品的既遂标准学术界就存在契约说、交付说、交易行为完成说、买入说、以贩卖为目的持有说、起运说、运抵说和合理位移说等不同的观点和主张。然而,分歧观点或主张远不止上述几个,笔者无法一一列举详尽。

完成的毒品犯罪形态,即毒品犯罪既遂,是指行为人所实施的毒品犯罪行为已经具备了该犯罪的全部构成要件。通常认为,《刑法》分则是以一人犯一个既遂犯罪为标本的。从犯罪过程中的犯罪形态来看，《刑法》分则规定的一般都是既遂形态的犯罪，当然也存在一些例外。例如，一些犯罪的预备行为直接被刑法纳入了单独的犯罪，如毒品犯罪中的非法种植毒品原植物行为，其从符合生产规律的角度讲应当是制造毒品的预备行为，但是刑法对其予以了单独评价，确认其构成独立的犯罪。毒品犯罪的预备、未遂和中止就是毒品犯罪的未完成形态。它们是毒品犯罪的特殊形态，即不具备《刑法》分则规定的某个毒品犯罪的全部基本要件。下面笔者针对不同的罪名，具体讨论毒品犯罪个罪的犯罪形态。

一、贩卖毒品罪的犯罪形态

（一）贩卖毒品的着手

在外国刑法理论中，关于犯罪着手的理解，存在以下三种观点：一是客观说。该说从客观事实出发来确定着手的概念，认为是否属于犯罪实行的着手，不应以行为人的主观意思为标准，而应以客观行为为根据。二是主观说。该说认为应注重行为人的主观方面，以证明行为人具有犯罪意思为依据，来确定犯罪实行的着手。三是折中说。该观点主张，着手具有主客观两方面的意义，两个方面是互相印证的，认定着手要把主客观结合起来。客观的着手实施要能证实主观犯意的确定性和遂行性，主观的犯意要得到客观着手实行行为的证实。

目前，多数刑法学者坚持中国刑法理论中主客观相统一的基本原则，认为犯罪实行行为的着手体现了犯罪构成主客观要件的统一，犯罪实行行为的着手具备主客观两个基本特征。其中,从主观上来讲,行为人实行犯罪的意志已经通过客观实行行为的开始充分表现出来,而不同于在此之前预备实行犯罪的意志。对于这一点,中国刑法学界几乎无什么争议,但关于犯罪实行行为着手的客观特征,学者间存在许多不同的观点。

第一种观点认为,犯罪实行行为着手的客观特征,是开始实行刑法规定的犯罪构成客观要件的行为。着手是实行行为的起点。

第二种观点认为,作为实行行为起点的着手,实际上是指开始实施可以直接导致危害结果发生的行为。

第三种观点认为,着手不是属于犯罪预备阶段的预备行为的终了行为,而是犯罪实行阶段的开始或起点。实行行为是指《刑法》分则规定的犯罪构成客观方面的行为。

贩毒犯罪其客观方面通常表现为购买、出售毒品的行为和将毒品从甲地运往乙地的行为,犯罪过程比较漫长、复杂。如果行为人将上述整个过程实施完毕的,其构成贩卖、运输毒品罪的既遂自无异议。但是,当行为人只实施了一个购买行为或并未完成出售行为,或者尚未将毒品运达目的地时就因意志以外的原因被迫停止犯罪的,是以犯罪既遂抑或未遂论处。对这一问题,在刑法理论与实务界均存在较大的分歧。

第一种观点认为,贩卖应以毒品实际上被转移给买方为既遂。在毒品被转移之前,即使买卖双方已达成转移协议或者卖方已先行获取了经济利益的,都不能够认为是贩卖既遂。对于运输毒品者来说,其开始运输毒品之时是犯罪的着手,由于行为人意志以外的原因没有到达目的地的是犯罪未遂,毒品被运抵目的地的是犯罪既遂。

第二种观点认为,贩卖毒品罪的既遂与否,应以毒品是否进入交易环节为准。至于行为人是否已将毒品出售获利或是否已实际成交，不影响本罪既遂。若由于意志以外的原因毒品未能进入交易环节的，则构成该罪未遂；运输毒品罪的既遂与否，应以毒品是否起运为准。毒品一经进入运输途中，就构成本罪既遂。

第三种观点认为，只要行为人实施了购买、出售、运输毒品行为之一的，无论其是否卖出和是否运达目的地，均应定为贩卖、运输毒品罪的既遂。

不难看出，上述三种观点有一个共同点，即一致认为贩卖、运输毒品罪是行为犯，而不是结果犯。其不同之处在于，它们分别将两罪归入了行为犯的不同种类。从刑法理论上讲，行为犯有过程行为犯（又称过程犯）和即成行为犯（又称举止犯）之分。其种类不同，认定既未遂形态的标准也有区别。过程行为犯要求行为人实施并完成了《刑法》分则所规定的构成要件的全部行为的为犯罪既遂。如果因为意志以外的原因没有将全部行为实施完毕的，为犯罪未遂。也就是说，成行为犯不要求行为人将构成要件的客观行为实施完毕，只要行为人着手实施了《刑法》分则所规定的构成要件的客观行为的，即成立犯罪既遂。除了对象不能犯的场合外，不存在犯罪的未遂形态。显然，上述第一种观点把贩卖、运输毒品罪均视为过程行为犯；而第二种和第三种观点则将其视为即成行为犯。但在具体标准的掌握上，两者又有细微差别。笔者赞同第二种观点，主要理由阐述如下。

首先，贩卖毒品行为的既遂不以行为人的犯罪目的实现与否为转移，也不以贩毒行为过程中的全部行为实施完毕为必要。同理，运输毒品行为也无须以把毒品运达目的地为既遂的标志。从法条所体现的立法精神来分析，《刑法》第347条明确规定：贩卖、运输毒品的，无论数量多少，都应当追究刑事责任，予以刑事处罚。基于此，司法实践中将贩卖零点几克海洛因予以治罪的案例也并不鲜见。

这些情况表明，将贩卖、运输毒品罪的既遂形态界定为即成行为犯，与从严惩治毒品犯罪的立法本意是一脉相承的。

其次，从犯罪构成的一般原理看，我国《刑法》所规定的具体犯罪的构成要件都是以既遂形态为标准的。也就是说，《刑法》分则规定的每一个罪都是把该种犯罪在社会生活中的通常表现界定为既遂形态。而以处罚未遂或者预备行为为特殊情况，并且明确规定为从轻或减轻处罚的事由。犯罪既遂形态设定的界限是以社会生活中常见多发的犯罪现象为依据的。对于贩卖、运输毒品罪来说，大量被抓获的毒品犯罪分子均停顿于购买了毒品尚未卖出，或者正在进行毒品交易人赃俱获的场合。真正已将毒品由卖方转移到了买方手上毒品交易完成以后被抓获的，尚在少数，运输毒品罪的情形亦然。大量运输毒品的犯罪分子都是在刚起运或在运输途中被抓获的，在到达目的地以后被抓获的情况也在少数。这些情况说明，如果按照毒品转移说和到达目的地说的观点掌握贩卖、运输毒品罪的既遂标准，则必将使大量的、实际发生的毒品犯罪只能作未遂处理。能够被认定为贩卖、运输毒品罪既遂的行为必成少数。这种现象显然与犯罪构成的一般原理不相符合，客观上也不利于从严惩治贩卖、运输毒品犯罪。

最后，从罪刑关系角度看，贩卖、运输毒品罪是两个并列的选择性罪名。二者的法定刑完全相同。一般认为，两罪的社会危害性程度也基本相当。但在贩卖、运输毒品罪的既未遂标准的讨论中，由于以毒品被运达目的地为既遂标准的不合理性已日益显见，因而已有越来越多的人主张运输毒品罪应以毒品被起运之时为犯罪既遂。由此不难推测，倘若只把运输毒品罪界定为即成行为犯，而把贩卖毒品罪界定为过程行为犯，要求须将购买、出售毒品行为实施完毕的，才成立犯罪既遂，则两罪的不协调性又显而易见。把贩卖、运输毒品罪的既遂形态分别界定为即成行为犯和过程行为犯是欠缺妥当的，此其一。其二，如果以实际售出毒品

· 123 ·

为既遂标准的话,对于实施了购买、运输毒品行为,出售过程中被抓获的犯罪分子来说,究竟是认定贩卖毒品罪未遂,还是只认定运输毒品罪既遂,这在法理上也是不无疑问的。其三,贩卖、运输毒品罪系数额犯,如果以实际售出毒品为既遂标准的话,尚存于家中没有售出的毒品就只能作未遂认定,那么,既遂与未遂的数额能否累计,这一问题也必成司法难题。因此,无论是从立法意图上,还是由犯罪构成原理或罪刑关系角度分析,贩卖、运输毒品罪均以界定为即成行为犯为宜。

  笔者认为,前述第一种观点因主张毒品转移说和到达目的地说而使贩卖、运输毒品罪的既遂范围过窄,故不足取;第三种观点因主张只要着手购买或出售毒品行为就为既遂,相对来说忽视了毒品作为犯罪证据的重要性而缺乏可操作性。因为在毒品买卖双方单纯商谈的场合,因缺少毒品买卖的证据,一般是很难认定其实施了购买或出售毒品行为的。这一观点也有其局限性。第二种观点主张以毒品被实际地带入交易环节为标准,这时往往表现为人赃俱在,无论其是否完成毒品交易,均以既遂论处。这样既符合即成行为犯的特点,同时又易于掌握与认定,因而是可取的。据此,贩卖、运输毒品罪的既未遂标准可分如下情况,分别予以认定:① 以贩卖毒品为目的,实施了购买毒品行为的(包括正在进行毒品交易人赃俱在或已经买进了毒品两种情形),应认定为贩卖毒品罪既遂。② 对于非以购买方式(如祖传、他人馈赠等原因)获得的毒品予以贩卖的,只要将毒品带至与买方约定的地点开始交易的或者实际成交的,应以贩卖毒品罪的既遂论处。③ 对于因贩卖毒品被抓获后在其住所查获的毒品,因其贩卖故意确定并购进了大量毒品,应全数作贩卖毒品罪的既遂认定,不宜将查获的未卖的毒品作本罪未遂或非法持有毒品罪处理。

（二）贩卖毒品罪的既遂标准

在司法实践中，关于贩卖毒品罪既未遂的认定标准一直存在一定的争议。具体而言，关于贩卖毒品罪的既遂标准，在理论和实践中主要存在以下观点。

1. 成交说或契约说

持该观点的学者认为，应当以毒品是否卖出成交为既遂标准，主张以毒品买卖双方交易毒品的意思表示达成一致，即买卖双方契约的达成为既遂。至于是否实际成交，已经交货或者付款，均不在定罪考虑之列。❶ 成交说基本上是将买卖双方的达成合意作为犯罪完成的标志，时间上过于提前，只要双方达成协议就是既遂，即使卖方本身无毒品，只要是为了贩卖而购进毒品的过程中被查获的，都要认定为既遂。实际上，对贩卖毒品所侵害的法益并无紧迫的实质危险，因而不符合贩卖毒品罪的行为特征。虽然最高法院的司法解释将以出卖为目的的收购毒品的行为也规定为贩卖毒品罪，但是该解释并未明确该行为是否就是贩卖毒品的既遂。

2. 卖出说或交易行为完成说

持该观点的学者主张以行为人将毒品贩卖出去或交易完成为既遂。至于贩卖人是否得到钱财、是否发货，或者尚在运输中，因毒品交易行为已经完成，都不影响既遂的成立。其实，这个观点与成交说并无本质上的区别，只是将交易行为从合意这一主观上的东西用客观行为表现出来了，是犯罪合意的行为化和客观化了，本质上仍然没有合理解释贩卖毒品犯罪中的侵害法益究竟在哪里。

---

❶ 赵秉志. 疑难刑事案件司法对策[M]. 长春：吉林人民出版社，1999：298.

3. 实行行为说或出卖说

持该观点的学者认为，既然贩卖毒品罪是行为犯而非结果犯，那么只要行为人实施了贩卖毒品这一实行行为，将毒品现实地带入交易环节，而无论交易是否完成，都应当视为已经完成了犯罪过程，构成犯罪既遂。❶但是，该学说忽略了贩卖毒品罪既遂中"得退"状态的分析，不符合贩卖毒品的行为特征，仍然无法确切地解释贩卖毒品所侵害的法益遭受了何种紧迫的实质危险。

4. 卖出及交付说

持该观点的学者主张毒品卖出就是既遂，而卖出与否则应该以毒品是否交付作为标准。若买卖成交，毒品已交付，尽管钱财暂时未到手，也应认定为既遂，因为此时行为人已经完成了贩卖毒品的全部行为。但是如果行为人在贩卖毒品时被抓获，随后又在其住处查获部分毒品的，对查获的部分就只能认定为贩卖毒品未遂。在贩卖毒品罪中也存在预备形态，即行为人为完成毒品犯罪而准备工具、创造条件。例如，为贩卖毒品而准备购买毒品的毒资、为贩卖毒品出谋划策等。

5. 交付说或实际转移说

持该观点的学者主张以毒品实际转移给买方为既遂，至于转移毒品后行为人是否已获取了利益，不影响既遂的成立。❷毒品实际上未转移时，即使已达成转移的协议，或已获得利益，都不能认定是既遂。❸

---

❶ 金泽刚. 犯罪既遂的理论与实践 [M]. 北京：人民法院出版社，2001：347.

❷ 张健，俞小海. 贩卖毒品罪未遂标准的正本清源 [J]. 法学，2011(3).

❸ 张明楷. 论走私、贩卖、运输、制造毒品的几个问题 [J]. 广东法学，1994(4).

6. 出手及控制说

这是在司法实务界通行的一种观点。持该观点的学者或司法人员认为行为人所有毒品的，只要向他人卖出，就可以构成贩卖毒品罪的既遂。行为人为了贩卖毒品而先行买进毒品，只要将毒品买到手并取得了毒品的实际控制权，即为既遂。如果行为人在买卖毒品过程中被现场抓获，也构成既遂。出手及控制说对行为人所有的毒品卖出认定为既遂是正确的，但对于行为人为贩卖毒品购进毒品认定为既遂不妥。因为对于贩卖毒品而言，虽然根据最高人民法院的司法解释，为贩卖毒品而买进毒品也属于贩卖毒品的行为之一，属贩卖毒品罪的实行行为，但仅有该实行行为不能构成贩卖毒品的既遂。因为贩卖毒品罪的中心环节是卖出，买进毒品是为了卖出，故把毒品卖出才属既遂。买进毒品即被查获的，应属犯罪未遂。

7. 买入说

持这种观点的学者认为贩卖毒品通常包括两个阶段：第一阶段为低价买进毒品，第二阶段为将买进的毒品卖出去。本罪的客体是国家对毒品的管制，无论是买还是卖都侵害了这一客体，只要实际买入了毒品，就构成了本罪既遂。❶但是买入说的缺点是只考虑贩卖毒品中的以贩卖为目的的买入行为，而忽略了出售以买入方式以外的其他方式取得的毒品的行为，具有严重片面性。此外，这个观点的广泛运用会扩大刑法的范围，将吸毒者购买毒品自己吸食也纳入贩卖毒品罪定罪处罚，不符合刑法谦抑性原则。

---

❶ 陈兴良. 罪名指南 [M]. 北京：中国政法大学出版社，2000：1278.

8. 进入交易说

持该观点的学者主张以毒品是否进入交易为准，至于是否已实际成交和是否获利，不影响既遂之成立。笔者认为，该学说从打击毒品犯罪的实际出发，能较好地把握贩卖毒品罪这一行为犯的客观特征。但该学说也有其不足之处，如毒品进入交易，但假定交易的出货方系公安机关，毒品也是出库毒品，如何进行认定？按照该学说，因进入了交易环节应认定为既遂，但最后实际贩卖行为未完成，显然不能认定为犯罪既遂。这一观点其实与卖出说并无本质区别，只是将行为标准从交易行为完成提前到了进入交易环节，同时将抽象化、观念上的毒品实体化了。

9. 持有既遂说

持有这种观点的学者认为，出于走私、贩卖、运输、制造毒品的主观故意而持有毒品的，一律应认定为既遂。该学说混淆了不同罪名的既遂标准。因为非法持有毒品罪与其他几种毒品犯罪对法益的侵害程度和方式不同，所以不能将持有毒品作为几种犯罪共同的既遂标准。持有毒品的目的是存在行为人内心的东西，如果没有行为人外在行为的印证和体现，则该目的的确定只能求助于行为人的供述。另外，对于拾得或者以受赠等非购买方式取得毒品的人来说，其持有毒品的目的可能是复杂的、渐变的。如果行为人实际上一直没有实施出售行为，但曾经有过出卖的想法，就根据贩卖的目的持有说来认定行为人构成贩卖毒品罪既遂，则明显不符合法理。

10. 行为说

此观点认为，贩卖毒品是行为犯，只要行为人实施了《刑法》分则第347条规定的贩卖毒品的行为，即构成犯罪既遂。

11. 行为及卖出说

对于贩卖毒品案件中，贩毒人与购毒人已经实际接触，商定了交易的毒品数量和价格，并已携带毒品前往交易现场准备交易而被抓获的，就应当认定为既遂，而不要求有钱、货互易的结果发生。从这一意义上讲，贩卖毒品是行为犯，但对于已购进而未卖出的部分，则不宜认定为既遂。判断犯罪是否既遂，应当以行为人所实施的行为是否具备了该犯罪的全部要件为标准。在这里，行为人仅仅实施了购进毒品的行为，主观上具备了转售牟利之故意；但由于意志以外原因被抓获而未来得及实施该转售行为，贩卖毒品的危害结果尚未发生，因而还不具备该犯罪的全部构成要件，应构成未遂。❶

12. 持有加目的行为说

此观点认为认定贩卖毒品罪的既遂，持有毒品与交易的身体动静二者缺一不可，但至于二者的先后顺序则在所不论。不管是先持有毒品，后发生交易目的的身体动静，还是先有发生交易的身体动静再持有毒品，都不影响贩卖毒品罪既遂的成立。这一点可以得到司法解释的支持，"为卖而买毒品的，以贩卖毒品罪追究刑事责任"，但是有必要对持有和真实交易做必要的限制。❷

---

❶ 邓淦华. 毒品犯罪形态初探 [J]. 广州市公安管理干部学院学报，2001(1)：8.
❷ 张鸿昌. 常见毒品犯罪的犯罪停止形态 [D]. 昆明：云南大学，2012.

13. 断绝的结果犯说 [1]

此观点认为，根据行为人的行为如何实现构成要件要求的特定的犯罪目的，可以将目的犯分为断绝的结果犯和短缩的二行为犯。[2] 断绝的结果犯的特点在于，行为人的特定犯罪目的是作为行为人行为本身或附随的现象，由犯罪构成的行为本身实现，不需要其他新的行为。而短缩的二行为犯，其故意以内的目的需要实施一定的客观行为，但要使目的犯的目的充分实现，还需要行为人进一步实施新的行为。笔者认为，真正的目的犯的犯罪目的仅限于短缩的二行为犯的犯罪目的，断绝的结果犯的犯罪目的不是纯正意义上的犯罪目的，而是直接故意中的意志因素，但其仍旧存在于目的犯之中，是行为人构成直接故意犯罪的主观基础。在贩卖毒品罪中，行为人在故意的支配下只要实施了贩卖的行为，不需要为特定目的的实现再实施其他行为，即构成贩卖毒品罪。[3]

14. 修正的目的持有说

此观点对目的的行为化加以限制，认为持有毒品的卖方与买方只要就毒品交易的地点、时间、价格、交易方式达成一致，并进入实际正常交易的，如卖毒人交付毒品，买毒人将款打入卖毒人指定账户，或交易双方进入交易场所实施毒品交易的，均为进入实际交易环节，以犯罪既遂认定。

15. 交付说

交付说的观点与民法上的交付占有，所有权即发生转移的理论相符，较为恰

---

[1] 石魏. 贩卖、运输毒品罪疑难问题解析 [J]. 上海政法学院学报，2013(3).

[2] 张明楷. 论短缩的二行为犯 [J]. 中国法学，2004(3).

[3] 高艳东. 贩卖毒品罪基本理论问题探析 [J]. 云南警官学院学报，2004(1).

当地解释了交易行为，同时也符合刑法谦抑性原则。但是，该观点将贩卖毒品罪的既遂认定标准大大后移，不利于打击毒品犯罪。因为实践中存在大量在毒品交易过程中被查获的毒品案件，很少有毒品交易完成后被查获的。而已出售的毒品不论从查获难度还是搜集证据的难度上来说，都不符合当前我国的毒品犯罪的侦查水平。鉴于毒品犯罪的严重态势，笔者认为应放弃使用该标准。目的持有说的缺陷主要在于目的持有说的客观表现仅限于持有状态，而对贩卖毒品的中心环节的贩卖仅仅是主观上的推断。此外，以主观上的推断来打击毒品犯罪未免有滥用刑法之嫌。

16. 契约说

此观点认为买卖双方达成贩卖毒品的协议，是为贩卖做准备的预备行为。此时，着手行为尚未开始，而着手行为是实行行为开始的标志。贩卖毒品罪作为行为犯，需要实行行为着手后，达到一定的阶段方为犯罪的既遂。此外，即使两人达成了契约，如果贩卖毒品一方没有交付毒品，或者由于认识错误而误以假为真进行贩卖，在这种情况下也应构成犯罪的未遂。另外，契约说是根据民法买卖合同的原理确立的学说，买卖合同的成立和生效要具备一个前提条件：合同的内容不得违背法律的强制性规定和禁止性规定，否则合同无效。毒品属于国家禁止买卖的违禁品，本身具有"恶"的属性。对其进行买卖，是违反我国法律的具体规定的，因此合同无效，契约说缺乏合法性基础。进入交易说把贩卖毒品视为了举动犯，这与立法、司法把其作为行为犯的观点明显相悖，而且其交易地点太过抽象，难以具体把握。如果买卖双方进入某一特定的交易地点，但双方既没有接触，也没有交易，着手行为尚未进行，何来既遂？

笔者认为应以毒品的实际交付作为既遂的标准。至于买卖双方是否达成协议，以及毒品对价是否交付，并不影响犯罪既遂的成立。在交付之前，虽然其持有毒品具有社会危害性，但毕竟这种危害还没有殃及他人，还没有给国家、社会和公众造成进一步的危害，并且国家制定本法条的目的就是为了有效地惩治毒品交易。在毒品犯罪中，许多案件都是在交易的过程中被发现的，以毒品的交付作为既遂的标准，可以对贩毒行为进行有效的打击，以真正地保证刑法目的的实现。此外，行为犯虽然不要求造成一定的结果，但要求必须进行到一定的阶段方可构成既遂，以交付作为标准，正好可以满足其进行到一定阶段的要求。❶ 此外，毒品的交付是贩卖毒品罪客观要件的必备要素，以其作为判定贩卖毒品既未遂的标志也符合我国犯罪构成的通说。

以下情形应认定为贩卖毒品罪的未遂：① 达成买卖毒品的协议，着手交付毒品但尚未实际交付的。② 以其他手段（合法的或者非法的，如获赠、祖传方式、捡拾、抢劫、盗窃等）获取的毒品，着手进行贩卖，但尚未交付的。③ 行为人把假毒品误以为是真毒品而进行贩卖的情况。④ 行为人为贩卖毒品而购买毒品，尚未买进就被查获的。另外，贩卖毒品不仅包括一方支付货币，一方交付毒品的形式，还包括以物易毒、以劳务易毒、以抵押、赊账的方式易毒等形式，只要一方支付了具有经济价值的物或行为，都应该成立贩卖毒品罪。

（三）贩卖毒品罪的中止

贩卖毒品罪是否存在犯罪中止，理论界是存在争议的。贩卖毒品罪的犯罪中止的认定取决于对贩卖行为性质的认识。对贩卖毒品罪是行为犯、结果犯还是危险犯的不同判断，也会直接影响对贩卖毒品罪是否存在犯罪中止的认识。

---

❶ 石魏. 贩卖、运输毒品罪疑难问题解析 [J]. 上海政法学院学报，2013(3).

第七章　毒品犯罪形态研究

对于在贩卖毒品罪犯罪预备阶段的中止，实务界是予以认可的。❶ 而对于实行阶段是否存在中止，无论在毒品犯罪的既未遂形态上采取何种学说，都认为毒品在交付后成立既遂。❷ 根据犯罪未完成形态理论的通说，犯罪中止只能发生在犯罪既遂之前。因此，毒品在交付后就不能发生贩卖毒品罪的犯罪中止了。这是通说的观点。

1. 危险犯中止说

该说认为，犯罪既遂后仍可成立犯罪中止，"犯罪既遂与犯罪中止完全可以并存"❸ "危险状态发生后，如果犯罪结果还没有发生，就仍然存在犯罪中止成立的余地"❹。犯罪中止要求的是有效防止犯罪结果发生，因此只要没有造成灾害结果，即使产生了危险状态，仍应认定为犯罪中止。我国《刑法》的分则体系是犯罪成立模式而非既遂模式，危险犯是行为造成法定的危险状态才成立的犯罪。❺

2. 既遂后中止修正说

该说认为，犯罪既遂后不可中止仍然是犯罪未完成形态的基本原则，但可以对这项基本原则稍做修正，承认某些特殊情况下既遂后的中止，具体要求：既遂后的中止发生在危险犯等法律明确不以结果为既遂标准的犯罪中；既遂后的中止是积极中止；既遂后的中止必须发生在结果成为事实之前。❻

---

❶ 刘夏. 论贩卖毒品罪的未遂与中止 [J]. 刑法论丛，2012(1).

❷ 陈晓军. 毒品犯罪定罪量刑的若干情节分析 [J]. 西南政法大学学报，1999(4)：113.

❸ 韩忠义. 危险犯的既遂阶段仍可成立犯罪中止 [J]. 人民法院报，2004(1).

❹ 舒洪水. 论危险犯的中止 [J]. 云南大学学报（法学版），2010(3).

❺ 苏彩霞，齐文远. 我国危险犯理论通说质疑 [J]. 环球法律评论，2006(3).

❻ 王志远，李世清. 论犯罪的"既遂后中止"——以危险犯为视角 [J]. 云南大学学报（法学版），2006(3).

3. 危险状态消除说

该说认为在产生危险状态后积极消除危险的，都有可能成立危险犯的犯罪中止。❶ 犯罪形态是静止的，一个犯罪行为可以经过几个犯罪阶段，但最终只能出现一种犯罪形态。"故意犯罪停止形态的本质特征就在于行为的'停顿'。没有'停顿'就不会有故意犯罪行为的终局性状态，也就不会存在犯罪预备、犯罪未遂、犯罪中止或者犯罪既遂等故意犯罪完成或未完成的形态。"❷

4. 否定说

持这种观点的学者否定成立危险犯的中止，认为危险犯以危险发生为既遂。从逻辑上讲，既遂犯和中止犯是两个相互排斥的概念。危险发生即达到既遂，不可能再构成中止犯。❸

笔者赞同危险状态消除说。判断犯罪既遂与否的关键，不在于是否出现过既遂阶段，而在于犯罪行为终局性地停止后，法益是否已经被侵害。危险犯应当以危险状态出现并且犯罪过程已经停止作为既遂标准。在行为的发生过程中，先制造了危险但随后消除并行为终止，应当成立犯罪中止。该观点进一步认为，作为抽象危险犯的贩卖毒品罪，即使开始着手实施犯罪行为并已经产生危险状态，但只要行为没有终止，就有成立犯罪中止的可能。如果在贩卖行为尚未终止时即主动停止犯罪、收回毒品、杜绝毒品向社会的流动，从而消除对公众健康造成的抽象危险，此时犯罪嫌疑人的行为成立贩卖毒品罪的犯罪中止。

---

❶ 刘夏.论贩卖毒品罪的未遂与中止 [J]. 刑法论丛，2012(1).

❷ 刘宪权.故意犯罪停止形态相关理论辨证 [J]. 中国法学，2010(1).

❸ 鲜铁可.新刑法的危险犯 [M]. 北京：中国检察出版社，1998：128-129.

二、运输毒品罪的既遂标准

我国刑法学界通说认为运输毒品罪是行为犯。运输毒品犯罪不存在既遂以外的其他犯罪形态。该罪是行为犯，行为一经开始即可构成既遂，而不需要有犯罪结果发生。[1] 行为犯概念本身在我国刑法理论中也颇有争议，具体到运输毒品罪是否是行为犯，其既遂标准是什么都存在极大的争议。

(一) 起运说 [2]

运输毒品罪属于故意犯罪，在其发生、发展和完成的过程中，同样会受主客观诸因素影响而呈现出不同的犯罪形态。其中，为运输毒品而准备工具、创造条件的，是犯罪预备；着手起运即被发现阻止的，犯罪结果尚未发生，且为行为人意志以外原因造成，该行为状态非其主观愿望所希冀的，构成犯罪未遂；而为运输毒品联系了毒品运输工具并与承运人达成了运输协议，起运前又中止履行该协议的，属犯罪中止；倘若已经起运，如购买了机票，并携带毒品进入机场候机室被查获，即使其未达目的地，也应当认定为既遂。因为该罪并不以毒品是否运抵目的地为衡量犯罪既遂与否的必备条件，况且运输毒品犯罪的运输方式并不仅限于交通工具，利用行为人自身的条件携带运送同样是本罪的犯罪手段之一。[3]

---

[1] 王武. 运输毒品犯罪适用法律研究 [J]. 上海市政法管理干部学院学报，2001(5).
[2] 赵秉志. 毒品犯罪研究 [M]. 北京：中国人民公安大学出版社，1993：156.
[3] 邓淦华. 毒品犯罪形态初探 [J]. 广州市公安管理干部学院学报，2001(1).

（二）进入运输状态说

有学者认为运输毒品以进入正式的运输状态为既遂标准，以开始搬运毒品为运输行为的着手，因意志以外原因不能或者没有进入正式运输状态为未遂运输毒品罪。[1][2]

（三）进入运输工具说

该说认为应以毒品正式进入运输工具作为既遂标准。

（四）合理位移说

有学者认为运输毒品应当以"行为的一定程度"为标准，所谓行为的一定程度就是"合理位移"。[3]

（五）目的地说

该说主张以毒品运到目的地为既遂的标准。在运输毒品的过程中，因意志以外的原因未运到目的地，为犯罪未遂。

---

[1] 邓维聪. 运输毒品罪既遂、未遂的认定[N]. 人民法院报，2007-12-19.
[2] 石魏. 贩卖、运输毒品罪疑难问题解析[J]. 上海政法学院学报，2013(3).
[3] 郦毓贝. 毒品犯罪司法适用[M]. 北京：法律出版社，2005：36.

第七章 毒品犯罪形态研究

（六）运离存放地说

一般而言，划分运输毒品罪的既遂与未遂，通常以毒品是否被运离最初存放地为标准。只要行为人将毒品带离存放地，就构成运输毒品罪的既遂。将毒品带上公共交通工具的也构成既遂，携带进火车站、候机楼即被查获的也是既遂。若以邮寄方式运输的，只要将毒品交付邮局即构成既遂，通过人力或畜力方式运输的，在行进途中被查获的，仍是既遂。总之，就运输毒品罪来说，毒品是否运到目的地并不是既遂的必要条件，也不能以距离的长短来判定既遂或未遂，毒品是否被运离最初存放地才是衡量既遂与未遂的标准。如果毒品已经被运离最初存放地，即构成运输毒品罪既遂；若行为人刚着手起运毒品即被发现阻止，运输行为不可能再继续的，是本罪未遂；着手起运前准备运输工具，为顺利运输寻找时机的，为本罪的预备形态，为运输毒品已经达成托运、承运协议的，起运前无论出于何种动机而终止协议的，都是本罪中止。❶

笔者认为，上述说法都有一定的合理性，但是也都存在各自的缺陷与局限性。起运说无视毒品运输各个阶段的社会危害性的区别，无法准确评价踩点、探路等行为；进入运输状态说本质上与起运说无实质差别；进入运输工具说忽视了运输工具的非运输功能。运输工具不仅可以运输，也可以作为储藏的场所。如果行为人把毒品放进交通工具，并不能从这一单一行为中推断出其必然运输毒品的结论。行为人也可能仅仅是暂时把毒品放在交通工具上予以隐藏，而没有运输的故意，从而构成非法持有毒品罪。因此，在交通工具起运前，不能得出行为人必然有运输的结论。而且运输毒品行为具有多种方式，如邮寄、自身携带不依靠交通工具进行运输等，以毒品正式进入运输工具作为判定既遂的标准，无法有效、全面地

---

❶ 邓淦华.毒品犯罪形态初探[J].广州市公安管理干部学院学报，2001(1).

囊括所有的运输毒品行为，不具有统一性和全面性。因此，将进入交通工具作为既遂的标准不合适。合理位移说在合理位移上缺乏准确的评判标准，多长的距离是合理位移没有统一的尺度，势必造成执法的混乱。目的地说则完全无视了毒品犯罪的法益侵害，势必导致打击毒品犯罪的不力。与贩卖毒品罪一样，运输毒品罪是危险犯，其所侵害的法益同样是人民健康，其既遂标准应当具有一定的关联性，同样适用"持有行为＋目的行为"的标准。即行为人持有毒品，并且以运输毒品为目的发生了身体动静，或同运输人，或踩点、探路，从而扩大了毒品流向下一环节的机会，使毒品流入购毒者手中，并且为其滥用提供了更大的可能性，从而对人民健康造成了现实的危害。运离存放地说与起运说也很相似，而且客观上很难把握。

（七）区分说

该说认为运输毒品罪是即成行为犯，实行行为的着手决定犯罪既遂。在不同的运输方式中，运输犯罪的着手构成要件行为是不同的。❶这必然导致不同运输方式在犯罪形态上的不同。从运输毒品的行为方式来看，从运输过程中人货是否分离的角度可以分两种：一种情况，运输毒品行为人同运输毒品的承担者不一致，运输过程中人货完全分离。这就是运输行为方式——利用公共传输社会服务系统进行运输；二是运输毒品行为人同运输毒品的承担者一致，或虽然不一致，但承担者实际上被行为人所控制，即人货不分离或不完全分离的状态。在第一种运输方式中，运输行为实际上包括两部分：运输毒品行为人的伪装毒品、办理托运或交付邮寄行为与公共传输社会服务系统的运输行为。前者是犯罪行为，后者不

---

❶ 姜新国. 运输毒品罪犯罪形态初探 [J]. 中国检察官，2010(10).

· 138 ·

具备犯罪性质。此时，运输毒品行为人的伪装毒品是犯罪预备。在这个阶段，行为人自动中止犯罪的构成犯罪中止。行为人只要办理托运、邮寄手续，将毒品交由该系统控制，毒品进入运输状态。主观支配下的客观方面所需要的所有运输毒品罪构成要件行为便告完成，办理托运、交付邮寄的办理和交付行为是运输行为的着手，成立运输毒品罪的既遂。如果系统控制人员在交验毒品过程中即发现了毒品，因为运输毒品行为人已着手犯罪构成要件行为，此时仍成立犯罪既遂，但在量刑时可以作为情节考虑。在这种情况下，行为人在整个运输过程中始终控制毒品，运输毒品是行为人主观上运输毒品的故意和客观上实行运输毒品行为的有机统一。该类运输毒品罪的既遂标准应根据毒品进入运输状态来确定：一是运输毒品是为了贩卖、加工制作毒品或帮助走私、贩卖、制造毒品的犯罪分子运输获取报酬的。此种情况根据不同的具体运输方式，以毒品进入运输状态为标准。以公共交通工具运输毒品的，当行为人携带毒品在车站、码头、机场等地买到票时，旅客运输关系已经成立，毒品已进入运输状态，构成犯罪既遂。行为人排队购票或直接购票即着手犯罪构成要件行为。行为人携带毒品前往车站、码头、机场等地，在开始购票前都是犯罪预备。自动中止的构成犯罪中止，被查获的构成预备犯。以肩背马驮的，只要毒品已伪装上身，行为人开始上路，毒品实际进入运输状态，都构成运输毒品罪既遂。驾驶车辆运输的，只要毒品已经伪装进车且该车辆上路，就构成犯罪既遂。雇人运输的，只要受雇佣人员携带该毒品离开毒品原所在居点进入运输状态的，就构成运输毒品罪既遂。二是运输毒品为已吸用的。此时，不论毒品是否处于运输状态，是"动"或"不动"，都构成非法持有毒品罪，不存在运输毒品罪的犯罪形态。

笔者赞同目的地说。运输毒品罪是继续犯，只要其犯罪构成要件全部具备就应该构成既遂，而不应该把既遂以后的继续状态考虑在内。而且，行为人为了规避犯罪，即使其已经到达目的地，为了规避更重的刑责也会避重就轻，辩称没有到达。另外，无论距离远近，运输毒品同样会侵犯国家对毒品的管理制度，致使毒品的流通和扩散，危害不特定人的身体健康。若将运输毒品罪拘囿于目的地的实现，则行为人可以通过化整为零的方式把长距离切割成短距离进行运输，每一段都可以辩称目的地没有抵达以逃避法律的制裁。在许多案件中，由于毒品犯罪分子策划周密，很难收集到除物证和口供之外的其他证据作为佐证，以到达目的地作为既遂的标准。由于无法有效地惩治运输毒品犯罪，也就无法有效切断毒品的流通和扩散，导致与严厉打击毒品犯罪的立法宗旨和司法实践现状存在严重脱节。因此，笔者认为运输毒品罪既遂的标准应该是起运。起运标志着行为人的实行行为已经在具体实施，不仅符合运输毒品罪的主观目的，而且也可以有效地把既遂和既遂以后的继续状态区分开来，有效地惩治犯罪。❶

三、走私毒品罪的既遂标准

走私毒品罪是指违反毒品管理法规和海关法规，逃避海关监管，非法运输、携带、邮寄国家禁止进出口的毒品进出国（边）境，破坏国家毒品管制的行为。关于走私毒品罪的既未遂标准，有以下三种观点。

1. 牟利说

由于《中华人民共和国海关法》规定走私犯罪应有牟取非法利润的犯罪目的，而毒品犯罪的目的往往是为牟取暴利，因此有的学者主张应以牟利目的是否

---

❶ 郦毓贝. 毒品犯罪司法适用 [M]. 北京：法律出版社，2005：34-35.

得逞作为走私毒品罪的既遂、未遂标准。我国1997年《刑法》并未规定走私毒品罪应以牟利为目的作为其法定构成要件，《中华人民共和国海关法》关于走私犯罪的规定已与新刑法不相符。

2. 超越国（边）境说

判断行为人的行为是否构成犯罪既遂，除主观上必须具有违反毒品管理法规和海关法规、逃避海关监管的犯罪故意外，客观上必须具备毒品进出国（边）境的事实。因此，毒品是否超越国（边）境线为判断走私行为既遂与否的标准。其中，在设立海关或边卡的地点，以通关验关或毒品越过国（边）境线为既遂；在未设海关、边卡的陆地边境或以海路运输方式偷运毒品的，以毒品进出国（边）境线或领海为既遂；以空中运输方式走私毒品的，以飞机着陆为既遂；以谎报、藏匿、伪装等手段逃避邮检和海关查验非法邮寄毒品进出境的，毒品一旦交寄即为既遂。

3. 区分海陆空路说

该说认为，应将毒品走私按毒品流向分为陆路走私与海路、空路走私来讨论。陆路走私应当以逾越国境（边）线为既遂标准。但是，在具体认定时，还会因为行为人所选择的走私方式而有所不同。关于海路、空路输入毒品的既遂，有五种不同观点：一是领海、领空说，即装载毒品的船舶或航空器进入本国领海或领空时为既遂，否则为未遂。二是登陆说，即将毒品从船舶中转移到本国领土内（不问是否保税区）时，将毒品从航空器中转移到地面时为既遂，否则为未遂。三是关税线说，即在毒品经由保税区等海关支配、管理的地域的场合，转移到保税区等之外才是既遂，否则为未遂。四是搬出可能说，即装载毒品的船舶或航空器在

· 141 ·

本国港口停靠或在机场着陆后，出现可能将毒品转移到船舶或航空器外的状态时为既遂，否则是未遂。五是到达说，即装载毒品的船舶到达本国港口或航空器到达本国领土内时为既遂，否则为未遂。❶

笔者认为应当以走私毒品越过边界为准，毒品一旦过了边界，即算既遂，未过边界即被查获的为未遂。但应当区分陆路走私、海路走私及空路走私来讨论。

（1）陆路走私。该种走私又分为两种形式，通关走私和绕关走私。在通关走私情形下，行为人运输、携带、邮寄毒品通关验放的为既遂，由于意志以外的原因未能通关的为未遂。在绕关走私情形下，行为人一旦运输毒品跨过国境线，即为既遂。出于意志以外的原因，行为人携带毒品未越过国境线的，为犯罪未遂。

（2）关于海路、空路走私，前文所述第一种观点将既遂时刻过于提前，而且也不现实。第二种、第三种和第四种观点则使既遂标准过于推后。其中，有的标准既不易掌握，不利于打击毒品犯罪，也不符合司法实践。第五种观点则使既遂与未遂的标准适中，而且容易认定。关于陆路运输毒品的行为，应当以毒品越过国（边）境线，进入我国领域内为既遂标准，否则为未遂。对于以运输、携带毒品的方式走私毒品的，应当以其他过海关或者国（边）境线进入我国境内为既遂，否则为未遂。

笔者认为在通关走私情形下，以海路、空路走私，以通过海关为既遂，未通过的为未遂。在绕关走私情形下，以海路、空路走私，走私毒品进入我国的领海、领空，并摆脱海关边境监管时，即为犯罪既遂。由于意志以外的原因，走私的毒品未进入我国领海、领空的为未遂。至于通过邮寄行为走私的，则应根据毒品本身的特性，应以邮件通过海关为既遂。

---

❶ 赵秉志，于志刚. 毒品犯罪 [M]. 北京：中国人民公安大学出版社，2003：186-187.

四、制造毒品罪的既未遂形态

《刑法》第 347 条规定了制造毒品罪："制造毒品，无论数量多少，都应当追究刑事责任，予以刑事处罚"，并针对不同的制造数量设置了不同的法定刑，由此产生了对制造毒品罪的既遂标准的理解分歧。

1. 实际制造说

该说认为制造毒品罪应以实际上制造出毒品为既遂标准❶，至于所制造出来的毒品数量多少、纯度高低等，都不影响既遂的成立。❷

2. 性质不同说

该说主张以生产出与毒品原材料性质不同的毒品为标准，只要是制成的新毒品与原毒品性质不同，就构成犯罪既遂。❸

3. 开始制造说

该说认为制造毒品罪是行为犯，行为人只要开始实施制造毒品的行为，就构成犯罪既遂。

---

❶ 赵秉志. 毒品犯罪研究 [M]. 北京：中国人民大学出版社，1993：120.
于志刚. 毒品犯罪及相关犯罪认定处理 [M]. 北京：中国方正出版社，1999：128.
❷ 王作富. 刑法分则实务研究 [M]. 北京：中国方正出版社，2007：1626.
❸ 蔺剑. 毒品犯罪的定罪与量刑 [M]. 北京：人民法院出版社，2000.

4. 成品说

该说认为制造毒品罪是结果犯，毒品制造出成品的构成既遂；未制造出成品的构成未遂。❶

5. 制毒行为结束说

持此观点的学者将本罪设定为行为犯，处罚时点提前到只要制毒行为结束即告既遂，行为完成到成品出现之间的具体进度只作为量刑情节考虑。

笔者同意制毒行为结束说。实际制造说成立本罪既遂要求制造出毒品。一方面对证据的要求很高，另一方面实践中也会存在这样的情况，行为人制造出了一种物质，但因方法错误或者原材料错误而没有制造出毒品。按照实际制造说的要求只能构成未遂，未免放纵了犯罪。性质不同说与实际制造说不仅大同小异，而且也忽视了一种情况，即行为人试图制造一种新毒品，但由于种种错误而没能成功，制造出的还是原来的毒品。这种情况以未遂处理也会放纵犯罪。开始制造说在打击毒品犯罪方面未免太严厉了些，不利于行为人在制造毒品过程中停止犯罪行为，不符合刑法的谦抑性原则。成品说要求"用毒品原材料制造出成品"，对证据的要求非常高。不仅要证明"制造成功"，还要确证存在成品和成品的精确数量以确定量刑幅度。❷在未生产出成品且毒品尚未流入社会时抓捕，有利于保护社会和保存证据。此时，查证的毒品数量也往往大于成品已流入社会的情形，却只能认定为未遂，从而"可以比照既遂犯从轻或者减轻处罚"，且犯罪人往往以"大量毒品尚未流入社会，未造成严重后果"作为减轻理由，以逃避或减轻刑

---

❶ 王军，李树昆，卢宇蓉．破解毒品犯罪法律适用难题——毒品犯罪法律适用问题研讨会综述 [J]．人民检察，2004(11)．

❷ 王太宁．破解毒品犯罪法律适用难题——毒品犯罪法律适用问题研讨会综述 [J]．人民检察，2004(11)．

事责任。相反，在生产出成品后抓获，因为成品和原材料往往已灭失，使得确证的数量往往远远小于被告人实际生产的数量，也会轻纵犯罪人，不利于打击犯罪。采取制毒行为结束说，控方的证明责任仅限于证明行为人的制毒行为已经完成，回避了前例中对已灭失毒品的证明责任，对毒品数量的认定也就不同于前种观点所坚持的成品或粗制毒品和半成品标准，而是包括了已经制造出来的数量和根据原材料、制毒工艺等推知可以制造出来的数量，不但便利诉讼，有利于实践中统一处罚标准，而且可以更好地打击犯罪。

在具体定罪量刑时，应注意以下五点：

（1）在行为人已经购入制毒原材料并已开始制造但未完成制毒行为时，属于未实行终了的未遂，应该根据原材料中的毒品含量确定相应的法定刑幅度，并结合《刑法》总则关于犯罪未遂的规定处罚。

（2）在行为人购入制毒原材料并完成制毒行为，但由于技术缺陷因而根本不能生产出毒品时，由于其行为不具有法益侵害可能，故属于不能犯的未遂。在根据原材料中的毒品含量确定相应的法定刑幅度，并结合《刑法》总则关于犯罪未遂的规定处罚时，应该比前种情况处罚更轻。

（3）在行为人已经完成制毒行为，但是由于原材料大量掺假而无法制出毒品时，因为该行为已经实行终了，故应认定为既遂。这种做法并不会带来刑罚畸重的后果，因为在根据原材料中的毒品含量确定相应的法定刑幅度时，由于原材料大量掺假，所以毒品含量极低，有可能适用《刑法》第347条第4款的规定，处以最低幅度的法定刑。

（4）若行为人购入的原材料虽然毒品含量极低，但是数量极大，说明行为人的主观恶性和社会危害性很大，则或可以按照第4款后段"情节严重的"来处理，或以毒品含量符合第2款、第3款的规定来直接适用这两款的规定。除非行为人购入的原材料里根本不含有毒品成分或制毒成分，那么此行为也不具有法益侵害可能，故也属于不能犯的未遂。

（5）行为人因为愚昧无知而实施上述行为，客观上没有制造出毒品的可能性时，不能以犯罪论处。这种情况基本上属于迷信犯。❶

五、非法种植毒品原植物罪的既遂标准

我国《刑法》第351条规定，违反国家麻醉药品管理法规，非法种植罂粟、大麻等毒品原植物，数量较大或者具有其他严重情节的行为，构成非法种植毒品原植物罪。目前，在对"毒品原植物"的理解上总体趋同，由于对"种植"的不同理解，对该罪的既遂标准产生了分歧。关于非法种植毒品原植物罪的既遂标准问题，根据该罪名的刑法表述，可以分解为两个问题进行探讨。一是"非法种植毒品原植物，数量较大的"，二是"经公安机关处理后又种植的，或者抗拒铲除的"。

对于第一种情形"非法种植毒品原植物，数量较大"的行为的既遂标准问题，存在不同的观点，有播种说、出土说、成苗说、收获说等多种主张。

出土说认为："对于已经实施播种行为，但幼苗尚未出土或者尚未完全出土的案件，还是可以满足'数量较大'的定罪条件，或者'数量大'的从重处罚条件的。清点的方法是，按照单位面积正常情况下的成苗数量进行折算。当然，由于种子毕竟没有出土，所以行为人只能构成本罪的未遂。"❷

---

❶ 胡江.走私、贩卖、运输、制造毒品罪的既未遂形态认定[J].长江师范学院学报，2016(2).
❷ 薛正俭.对非法种植毒品原植物罪几个主要问题的检讨[J].宁夏社会科学，1996(6).

成苗说认为，从字义上看，所谓种植包括从播种、插苗、施肥、灌溉到收获割浆的生产过程的种种行为。依这样理解，只要是为种植毒品原植物而播下种子，即使尚未实施管理和收割，也可以认定为实施了种植毒品原植物的行为。但是根据《关于禁毒的决定》第 6 条的规定，非法种植毒品原植物，除有特定情节外，一般要达到罂粟 500 株以上，不满 300 株或者其他毒品原植物数量较大时，才能构成犯罪。法律规定的 500 株以上应指的是查获时已经成形的罂粟，而不是指只撒下种子尚未出苗；否则，无法计算非法种植毒品原植物的数量。因此，一般来说，只有行为人实施了非法种植毒品原植物的行为，且已经见苗可以计算数量时，行为才能作犯罪处理。❶ 对于"非法种植毒品原植物，数量较大的"的情形，只要在收获之前的尚未出土的种植数量或出苗的数量较大，达到 500 株以上的，就以未遂论处。由于法律规定的多少株数应不是指种子，而是指已经出的苗，那么尚未出土的种植数量如何计算成株数？笔者认为，具体种植的原植物数量，可以根据单位面积正常条件下的出苗成活率进行折算，先得出应成活的具体株数，然后将得出的数量比照处罚规定依法追究其刑事责任。对于种植毒品原植物面积较大，在尚未出苗就被查获的案件，如成活株数大于 500 株的，应以非法种植毒品原植物罪（未遂）处理；没有达到 500 株的，不构成犯罪。

播种说认为，如果行为人实施了播种行为后，罂粟、大麻等正常生长成苗，就构成既遂，而不能以是否收获果实作为区分既遂与未遂的标准。❷ 以"生长成苗"为既遂标准似乎不无道理，因为从播种到收割的任何一阶段都可以说是"种植"，而且刑法对本罪为数额犯的规定也是以株数作为定罪的标准的。❸

---

❶ 桑红华. 毒品犯罪 [M]. 北京：警官教育出版社，1992：172.

❷ 邱创教. 惩治毒品内犯罪理论与实践 [M]. 北京：中国政法大学出版社，1993.

❸ 蒋筑君. 新刑法与毒品犯罪 [M]. 北京：西苑出版社，1999：133-134.

收获说认为，对于"非法种植毒品原植物，数量较大的"而言，既遂应以收获毒品原植物为标准。原因在于：首先，种植本身是一个从播种到收获的符合行为；其次，国家打击非法种植毒品原植物罪是想从源头上控制毒品犯罪，而毒品原植物在其成熟之前是不能用来作为制造毒品的原材料的，对社会没有什么实际的危害；最后，以收获而不是以生长成苗作为既遂的标准，有利于鼓励种植者在收获前悔过自新，停止犯罪，减少对社会的危害。因此，对于经公安机关处理后又种植的或者抗拒铲除的情形，幼苗尚未出土或尚未完全出土并不影响本罪的既遂。本罪的既遂应以收获毒品原植物为标准，主要有下面三个理由：第一，由于毒品原植物是一种植物，既然是植物，它们就会有其特定的生长期。种植是一个复合行为，包括播种、栽苗、浇水、施肥直至收割等行为或阶段，而这一系列的种植行为是紧密相连不可分割的。就好像我们平时说"种庄稼"一样，这里的"种"实际上包括从撒下种子到收获果实这一完整而不可分割的全过程。第二，刑法规定非法种植毒品原植物罪是想从源头上控制毒品犯罪，而毒品原植物在其成熟之前是不能用来作为制造毒品的原材料的，所以在毒品原植物成熟之前对社会是没有什么实际的危害的。第三，如果以"生长成苗"作为既遂的标准，那么本罪的未遂与中止就只能发生在毒品原植物生长成苗以前了。这很不利于种植毒品原植物者在收获前悔过自新，停止自己的犯罪行为，减少对社会的危害。❶❷

可计数说认为，法律规定"××株以上"应指查获时已经成型的罂粟，而不是指只撒下种子尚未出苗的，否则无法计算种植的数量。故笔者认为，只有行为人实施了非法种植毒品原植物的行为且已经见苗并可以计算数量时，才可视为既遂。❸

---

❶ 彭凤莲.非法种植毒品原植物罪的犯罪形态研究[J].贵州警官职业学院学报，2007(3).
❷ 江凌燕.非法种植毒品原植物罪之客观方面构成要件研究[J].学理论，2013(7).
❸ 桑红华.毒品犯罪[M].北京：警官教育出版社，1993：171.

"其中一种行为说"认为，种植是指播种、移栽、插苗、施肥、灌溉和收获等行为。只要实施其中的一种行为，就可视为种植。❶

笔者认为出苗说较为可取。立法在规定本罪时确立了数量标准，即使具有法定的其他严重情节，也不能完全不考虑非法种植的数量。如果只是播下种子尚未出苗，则无法计算非法种植毒品原植物的数量；而且，播下的毒品原植物种子还不是真正意义上的毒品原植物，只有出苗后才具有此种意义。再者，从立法原意来看，法律规定对于"非法种植罂粟、大麻等毒品原植物的，一律强制铲除"，如果种子尚未发芽成苗，又何铲之有？因此，以是否播下种子作为区分本罪即遂与未遂的标准并不妥当。若采用收获说，则实践中很多非法种植毒品原植物行为只能作为犯罪未遂处理，不符合罪责刑相适应原则。故笔者认为，区分本罪既遂与未遂应采出苗说，即以是否发芽成苗为标准。

对于第二种情形，"经公安机关处理后又种植的，或者抗拒铲除的"行为的既遂标准问题，存在两种不同的观点。

一种是行为犯说，认为对于经公安机关处理后又种植的或者抗拒铲除的，由于我国坚持主客观相统一的定罪标准，对这两种情形更注重行为人的主观恶性，所以只要行为人实施了经公安机关处理后又种植的行为或抗拒铲除的行为，就成立非法种植毒品原植物罪既遂。即使无法计算毒品原植物的数量，也可以根据行为人非法播种的面积等情况，以非法种植毒品原植物定罪量刑。

另一种是数额犯说，认为经公安机关处理后又种植的，应该还有种植数量的限制。尽管具有本情节入罪无须达到数量较大，但认定时要考虑行为人的主观恶性和再次种植的数量，如再次种植的数量很小，也可不以犯罪论处。❷

---

❶ 邹涛，邵振翔. 关于禁毒的决定 [M]. 北京：群众出版社，1991：31-261.

❷ 同上。

笔者赞成数额犯说。因为本罪社会危害性的大小，主要是通过非法种植毒品原植物的数量反映出来的。对于虽经公安机关处理过，又非法种植毒品原植物数量极少（如罂粟几株）的，也以犯罪论处，未免失之过重，不符合刑法的谦抑性原则。对此，应援引《刑法》第13条但书的规定，以"情节显著轻微危害不大的，不认为是犯罪"处理。❶

---

❶ 邹世发.论非法种植毒品原植物罪——从"冰岛罂粟花是不是毒品"谈起[J].贵州警官职业学院学报，2003(3).

第八章　毒品犯罪的主观方面

毒品犯罪的主观方面是毒品犯罪相关问题中争议颇多的一个话题。关于毒品犯罪的主观方面，存在的争议主要有毒品犯罪的故意是否存在间接故意，毒品犯罪主观明知的内容，毒品犯罪是否都要求有特定目的及推定的罪过等问题。

一、故意

毒品犯罪的主观方面为故意，这是学界的一致观点；而故意的内容究竟是仅指直接故意还是包括间接故意在内，在学界及实践界尚存在争论。

（一）毒品犯罪是否存在间接故意

毒品犯罪，特别是贩卖、运输毒品罪主观故意类型，刑事立法及相关研究并未予以明确界定，大多情况下仅指出毒品犯罪的主观方面是故意，是否存在间接故意的类型则大都语焉不详。理论上，学者们的观点并不一致，概括起来主要有以下三种观点。

一种观点认为，毒品犯罪只能是直接故意，不存在间接故意。将毒品犯罪的主观方面仅限定在直接故意的论者，多属于早期的观点。该观点产生于20世纪90年代，如欧阳涛、陈泽宪认为，"毒品犯罪只能由直接故意构成，不存在间接故意的毒品犯罪。"按照这种观点，毒品犯罪应当限定在行为人明知自己的行为会发生危害社会的结果，而希望这种危害结果发生的一种心理状态。从认识层面看，行为人认识到自己的行为必然或可能发生危害社会的结果。从意志层面看，主要表现为行为人希望及积极追求危害社会结果的发生。如果按照此逻辑来推理，那么很多毒品犯罪行为就很难认定，势必轻纵相当一部分犯罪。因此，如果将毒品犯罪仅限定在直接故意，就存在如何认定行为人的意志内容的问题。例如，对于运输毒品、非法持有毒品等行为，要证明行为人对毒品的流通或者毒品在自己控制下危害社会的结果持希望的主观心态，这是比较困难的。而且，这样的规定无疑也增加了司法机关侦查、起诉、审判的难度。因为要证明行为人希望危害结果发生的最好方式就是犯罪嫌疑人的供述，而过分地追求口供、证人证言势必催生不法手段，则会给犯罪嫌疑人、被告人、证人等的人身权利造成潜在的威胁。❶

另一种观点认为，毒品犯罪中绝大多数是直接故意，但有些毒品犯罪也可由间接故意构成，如运输毒品罪。"毒品犯罪是故意犯罪，而且绝大多数是直接故意犯罪，但不排除某些犯罪类型存在间接故意的可能性。同时，应当注意毒品犯罪主观方面故意内容的特殊要求：行为人必须对犯罪对象有所认识，否则不构成犯罪。也就是说，如果行为人不知道行为的对象是某种毒品

---

❶ 张洪成. 毒品犯罪主观故意认定问题研究 [J]. 刑法论丛，2012(1).

犯罪的对象，则不构成毒品犯罪。"❶ 有论者从相关的司法解释及刑法理论的角度，论述了间接故意可能构成毒品犯罪，"行为人对毒品等犯罪对象的法律性质有概然性认识的状态，在主观上对于犯罪对象及其法律性质是一种既不确定又不排除的认识状态。基于此种心理态度而实施的运输毒品等犯罪，主观上属于间接故意。"❷

还有一种观点认为，毒品犯罪包括直接故意和间接故意。毒品犯罪的主观方面包括直接故意和间接故意，而且在认定毒品犯罪时，必须证明行为人对犯罪对象具有认识❸，这是成立毒品犯罪的基本之前提，应当说这是符合刑法基础理论的。按照《刑法》第14条的规定，故意应当包括直接故意和间接故意两种形式，而《刑法》的第347条到第357条规定的所有犯罪中，都没有限定毒品犯罪的罪过形式，而且最重要的是，从现行毒品犯罪的12个罪名看，这些罪名均没有指明哪个属于目的犯或者倾向犯，也没有限定其主观方面必须为直接故意。因此，将毒品犯罪的主观方面认定为包括直接故意和间接故意两种形态，这既是适合《刑法》的规定，也符合司法实践。

笔者认为，毒品犯罪中存在间接故意，特别是在共同犯罪中，由于各共同犯罪人主观意图会有差异，呈现复杂的罪过形态。尤其在集团犯罪中，许多犯罪行为之间存在交叉与重叠关系，使共同犯罪问题更加复杂化。共同犯罪人的故意形式可表现为同是直接故意或间接故意，或者一方是直接故意，一方是间接故意。

---

❶ 郑杨. 论毒品犯罪主观明知的认定 [J]. 法律杂谈，2013(2).
❷ 于志刚. "应当知道"与"可能知道"的差异与并存 [J]. 人民检察，2007(21)：34.
❸ 郑杨. 论毒品犯罪主观明知的认定 [J]. 法律杂谈，2013(2)：244.

（二）贩卖毒品罪是否需要以牟利为目的

现实中，贩毒者不顾死刑危险仍冒险贩毒主要原因在于贩卖毒品所获得的巨额利润。但对于贩卖毒品罪是否以行为人以牟利为目的作为构成要件，我国刑法并未明确规定，理论界存在以下两种争议。

持肯定说观点的认为，贩卖毒品罪需"以牟利为目的"作为其构成要件。肯定说主张，贩卖毒品罪行为人主观上除了具有对构成要件事实的认识以外，还必须具有牟利目的，即贩毒者希望通过非法买卖毒品以获取暴利。如果不具有营利目的，则不能构成贩卖毒品罪。❶例如，有学者认为，贩卖毒品在主观上除了是出于故意之外，还必须具有牟利的目的。不具有牟利的目的，不构成贩卖毒品罪。理由如下：第一，"贩卖"一词本身的字面含义就包括了牟利的目的。从古至今，"贩卖"一词的解释都是买进货物并卖出，从中牟利的行为。❷第二，从主观目的看，行为人不惜违背国家法律，冒着被判处刑罚的危险，实施贩毒行为就是为了获取高额利润。第三，这是刑罚主客观相统一原则的要求和刑法谦抑性的体现。贩卖毒品罪作为毒品犯罪中处罚较重的犯罪，其社会危害性也不言而喻。刑法主客观相统一原则，要求行为人不仅客观上实施相应的贩卖毒品的行为，主观上也必须具备牟利的目的，才能凸显其主观恶性，达到主客观相统一的程度。而且，将贩卖毒品行为以是否以牟利为目的进行区分，对具有牟利目的的以贩卖毒品罪进行处罚，而对不以牟利为目的的贩毒行为，则以其他较轻罪名进行处罚，更符合刑法谦抑性原则和罪行相适应原则的要求。还有学者认为，以牟利为目的是贩卖毒品罪的主观要件必须具备的内容。行为人为

---

❶ 于志刚. 毒品犯罪及相关犯罪认定与处理 [M]. 北京：中国方正出版社，1999：107.
❷ 廖玲玲. 论贩卖毒品罪中的贩卖行为 [D]. 湘潭：湘潭大学，2012.

第八章　毒品犯罪的主观方面

谁牟利，是否实现牟利，牟取利益的大小，利益体现的形式各异，均不影响贩卖毒品罪主观要件的成立。❶

而否定说则主张："对于贩卖毒品中的非法销售行为，不要求行为人有牟利的目的或别的目的。只要行为人明知是毒品而予以销售，不论其目的、动机如何，均成立贩卖毒品罪。"❷ 理由如下：第一，贩卖毒品交易行为的有偿性与牟利目的并无必然的联系，二者是两个不同的概念。贩卖毒品的有偿是通过贩卖行为所产生利益，是一种结果；而牟利的目的是在贩卖之前或者贩卖过程中所具有的主观动机。以牟利为目的贩卖毒品，并不一定就能得到有偿的结果。因此，以此推定以牟利为目的是贩卖毒品罪的必备构成要件值得商榷。第二，从构成要件角度看，构成要件的必备要素是犯罪目的而不是犯罪动机，二者存在区别。犯罪动机是指驱使行为人实施犯罪行为以实现某种犯罪目的的起因或意识冲动，而犯罪目的是指行为人希望或追求通过其犯罪行为实现某种危害结果。❸ 在贩卖毒品罪中以牟利为目的只是行为人实施贩卖毒品行为的犯罪动机，是激励行为人实施贩卖毒品行为的起因而不是犯罪目的。第三，从贩卖毒品罪侵犯的法益来看，贩卖毒品罪侵犯了国家对毒品的管理制度和人民群众的身体健康。不管行为人是否以牟利为目的，只要毒品进入流通领域，就会对此法益造成侵害；而肯定说把以牟利为目的作为其主观恶性区分达到定罪的影响并不合理。以牟利为目的，主观恶性是较之要大，但是不至于达到区分罪与非罪的程度。综合毒品犯罪的处罚情况，同等数量的毒品，定贩卖毒品罪还是非法持有毒品罪，处罚情况存在巨大区别，笔者更赞同不影响定罪而是在量刑上进行区别对待。

---

❶ 杨鸿. 毒品犯罪研究 [M]. 广州：广东人民出版社, 2002：149.

❷ 邱创教. 毒品犯罪惩治与防范全书 [M]. 北京：中国法制出版社, 1997：135.

❸ 马克昌. 犯罪通论 [M]. 武汉：武汉大学出版社, 1999：385.

第四，这是我国罪刑法定的要求，我国刑法对贩卖毒品罪的规定中并没有将以牟利为目的作为其必备构成要件，且以牟利为目的作为贩卖毒品罪的构成要件极大缩小了对毒品犯罪的打击面，不利于打击毒品犯罪的高发态势。第五，从司法实践来看，由于贩卖毒品行为越来越隐蔽和多样的特点，搜集贩毒者贩卖毒品的证据已十分困难。若还要收集证明贩毒者主观上有无牟利目的，以及贩卖毒品后获利情况的证据，就更不具有操作性了。❶

　　否定说无疑立足于严厉打击的需要，可能认为从立法模式来看，刑法对目的犯通常会在刑法条文中明确表明。❷如果《刑法》分则之条文没有明确叙明应该具备某种目的的话，则不能以目的犯视之。如有学者指出："刑法没有要求本罪以营利为目的，故行为人不以营利为目的而实施本罪行为的，也构成本罪。"❸有论者阐述了具体的理由："若要求贩卖毒品罪必须以牟利为目的，则意味着不具有牟利目的的贩毒行为不构成犯罪。事实上，不论是否以牟利为目的，贩卖毒品行为都直接破坏了我国对毒品购销活动的严格管制，造成了毒品的非法流通和蔓延，刺激了整个毒品犯罪的恶性膨胀，具有极大的社会危害性。"❹否定说的观点和论证明显存在问题。行为人之主观恶性不仅体现在对于贩卖毒品行为的认识，还突出体现在行为人强烈的牟利目的。因为贩卖毒品行为本身缺乏直接而明确的侵害对象，通常被视为无受害人的犯罪。其贩卖行为只是帮助毒品使用者能更方便得到毒品，毒品使用行为在我国并不被视为犯罪，单纯从客观方面很难得出其成立犯罪的理论基础。牟利目的在毒品犯罪行为中是非常普

---

❶ 徐贵勇.居间贩卖毒品行为定性研究[D].成都：西南财经大学，2012.

❷ 谢秋凌，高巍.论贩卖毒品罪之目的[J].云南大学学报法学版，2006(1).

❸ 张明楷.刑法学（下）[M].北京：法律出版社，1997：868.

❹ 梅咏明.试论贩卖毒品罪的若干法律问题[J].武汉科技大学学报，2002(2).

遍的一种状态，之所以实施贩卖毒品行为，基本上是为了获取利润。从社会评价的角度来看，贩卖毒品罪也应该具有牟利目的。毒品本身作为一种自然物质，而对其进行的规范评价，则赋予了它极为浓烈的价值色彩。毒品贩卖行为，有无牟利目的则其相对应的社会评价也迥异。从社会评价来看，贩卖毒品行为并不包括不以牟利为目的的情况。那么，对于贩卖毒品罪的主观牟利目的存否问题上，法律评价也应该考虑社会评价。

作为生活用语的"贩卖毒品"是否暗含主观上以牟利为目的的语义呢？肯定说的观点之所以能够成为刑法理论界的通说，有其解释方法上的依据。第一是语义解释方法。所谓语义解释是指按照法律条文用语之文义及通常使用方式，阐释法律之意义内容。[1]依照生活的通常意义，贩卖"是指商人买进货物再卖出以获取利润的行为"。[2]刑法法律解释一般不能超越法律用语的通常含义，故贩卖一般应理解为行为人主观上具有牟利的目的。第二是体系解释的方法。以法律条文在法律体系上的地位，即依其编、章、节、条、款、项之前后关联位置，或相关法条之法意，阐明其规范意旨之解释方法，被称为体系解释方法。[3]从《刑法》第347条的上下文规定看，能与之相互参照的是《刑法》第355条。《刑法》第355条规定："依法从事生产、运输、管理、使用国家管制的麻醉药品、精神药品的人员，违反国家规定，向吸食、注射毒品的人提供国家规定管制的能够使人形成瘾癖的麻醉药品、精神药品的，处三年以下有期徒刑或者拘役，并处罚金；情节严重的，处三年以上七年以下有期徒刑，并处罚金。向走私、贩卖毒品的犯

---

[1] 张文显，于莹. 法学研究中的语义分析方法 [J]. 法学，1991(10)：4-6.
[2] 中国社会科学院语言研究所词典编辑室. 英汉双语现代汉语词典 [M]. 北京：外语教学与研究出版社 2002：543.
[3] 杨仁寿. 法学方法论 [M] 北京：中国政法大学出版社，1999：140.

罪分子或者以牟利为目的,向吸食、注射毒品的人提供国家规定管制的能够使人形成瘾癖的麻醉药品、精神药品的,依照本法第 347 条的规定定罪处罚。"该条明确规定从事生产、运输、管理、使用国家管制的麻醉药品、精神药品的人员(以下简称"特定人员")构成贩卖毒品时主观上要求具有牟利的目的;在司法实践中,只有依照主观目的,才能区分贩卖毒品罪与特定人员非法提供麻醉药品、精神药品罪。故有学者从第 355 条的法律规定推断出,贩卖毒品罪主观上要求具有牟利的目的。

笔者认为,在刑法用语中,"以牟利为目的"并不是"贩卖"的当然之义。从体系解释的角度分析,不能得出以牟利为目的是贩卖毒品的主观要件。《刑法》第 347 条所保护法益是毒品管理制度,所打击的重点是非法生产、扩散毒品的行为。走私、贩卖、运输都是典型的毒品扩散行为。虽然三种行为有所区别,但在毒品扩散这一方面三种行为具有一致性。因此,从立法原意上界定"贩卖"一词的含义,只能结合本条犯罪所保护的法益来进行。刑法之所以将贩卖毒品进行犯罪化,不是因为贩卖毒品非法牟利性,而是因为贩卖行为导致了毒品的大范围扩散,危及社会机体的健康运转。故在对"贩卖"一词进行界定时,不应拘泥于其本来意义上的牟利性,而应该更多地考虑其导致毒品蔓延的扩散性。只有如此理解,才符合立法旨趣。有学者曾经指出,我国《刑法》之所以在法律条文中明文规定某些犯罪必须以营利为目的作为构成要件,其目的在于防止对这类行为的扩大追究。从立法旨趣上看,规定贩卖毒品这一犯罪行为,主要是从依法严厉打击贩毒行为的角度,防止毒品大量的扩散,以免给社会带来巨大的灾难,其并非是因为毒贩通过犯罪行为可以牟取到暴利。事实上,不论是否以获取利润为目的,只要行为人非法销售毒品,都直接破坏了我国对毒品购销活动的严格管制,造成毒品的非法流通和蔓延,刺激了整个毒品犯罪的恶性膨胀，具有极大的社会危害性。因此，只要行为人主观上明知是毒品，客观上实施了非法销售毒品的行为，不论其是否具有获取利润的目的，更不论获取利润与否，该行为就已具有了严重程度的社会危害性，构成了贩卖毒品罪。如果将以牟利为目的作为贩卖毒品罪的主观要素，就可能产生一种悖论，导致缩小打击犯罪；同时，这也会给司法认定带来难度。如有学者指出，某一贩毒分子第一次以牟利为目的，向吸毒分子出卖毒品，构成贩卖毒品罪；第二次不以牟利为目的，向吸毒的朋友按照原价或者降价出售其购买的毒品，不构成贩卖毒品罪。从《刑法》保护的法益角度考虑，上述两种行为的社会危害性相当，却出现了同罪不同罚，明显不合理。

  无论是我国刑法，还是有关毒品犯罪的司法解释，抑或是刑事政策、规定等，都未明文规定贩卖毒品罪必须以牟利为目的。虽然我国《刑法》第355条第1款规定："向走私、贩卖毒品的犯罪分子或者以牟利为目的，向吸食、注射毒品的人提供国家规定管制的能够使人形成瘾癖的麻醉药品、精神药品的，依照本法第347条的规定定罪处罚"，即定贩卖毒品罪。在这里出现了"以牟利为目的""定贩卖毒品罪"，那是否可以认为贩卖毒品罪的主观要素必须包涵以牟利为目的呢？答案是否定的。这里的以牟利为目的只是作为贩卖毒品罪与非法提供毒品罪的区别条件。依法从事生产、运输、管理、使用国家管制的麻醉药品、精神药品的人员，违反国家规定，如果以牟利为目的向吸食、注射毒品的人提供国家规定管制的能够使人形成瘾癖的麻醉药品、精神药品的，定贩卖毒品罪；不是以牟利为目的，向吸食、注射毒品的人提供的则定非法提供毒品罪。并且，从以牟利为目的只限制提供的对象是吸食、注射毒品的人，而不限制向走私、贩卖毒品的犯罪分子这一点来看，我国《刑法》第347条未规定以牟利为目的并非是立法者的无意忽略，而是立法者认为贩卖毒品罪主观要素不包括以牟利为目的。

（三）非法持有毒品罪是否不论主观罪过

非法持有毒品罪所关注的是那些非出于贩卖、走私、运输之目的，或动机、目的不明确而持有毒品的情况。因此，是否具有特定目的不是非法持有毒品罪的必要条件。那非法持有毒品罪不论动机与目的，是否也不论主观罪过呢？持有型犯罪在刑法领域属于特殊的犯罪类型，作为持有型犯罪的一种，非法持有毒品罪的主观罪过在学界引起争论，分歧主要在于该罪到底应当适用严格责任、客观责任还是罪过责任。

严格责任最早起源于英美刑法，为英美法系所特有，是一项完全不同于大陆法系的刑法制度。它一般运用在与国家公共福利和道德方面相关的犯罪活动中。其主要目的是，国家在保护一部分重要的社会法益时，不管行为人究竟持有何种主观心态，仍然坚持对其追究刑事责任。❶我国刑法学界对于"严格责任"含义的理解也颇有不同。有的学者主张，"严格责任就是要求被告人在没有任何过错的情况下，仍然必须承担一定的刑事责任。"❷

严格责任论者认为，我国《刑法》第348条规定的非法持有毒品罪是一种严格责任罪。理由如下：该条只规定非法持有一定数量的毒品即构成犯罪，并未强调持有人对毒品的持有状态须具有明知的罪过。只要客观上持有而不必考察是否有罪过，就可定罪。

有的学者认为，上述概念确实存在不妥之处，严格责任的重要价值主要体现在刑事诉讼方面，它的本质就是把司法机关在诉讼中对于行为人究竟持有何种主观罪过的举证责任予以免除，即"被告倘若实施了刑法所严格禁止的行为，或

---

❶ 李健.论刑法上的严格责任 [D]. 中国政法大学，2001.

❷ 陈兴良.刑法哲学 [M]. 北京：中国政法大学出版社，1992.

者该行为产生了刑法的否定性结果控方则不需要证明被告的主观心态如何就可直接让其承担刑事责任。"❶ 也有学者认为,"所谓严格责任就是一种无过失责任或者绝对责任。也就是说,一旦行为人在客观上造成了实害结果就要对其定罪量刑,哪怕行为人主观上不存在任何过错,也要承担相应的刑事责任。其真正意义就是客观论罪,主观罪过不是犯罪的必备要件。"❷ 总之,倘若非法持有毒品罪采用了严格责任,单纯从严格责任的含义出发,在认定行为人是否构成非法持有毒品罪的过程中,司法机关就可直接忽略其主观要件,对行为人有无主观罪过、持有何种主观罪过在所不问。学者主张非法持有毒品罪应当适用严格责任这一特殊的归责原则时,一般出于以下三方面的考虑。

第一,我国《刑法》分则对非法持有毒品罪具体规定为"非法持有鸦片1000克以上、海洛因或者甲基苯丙胺50克以上或者其他毒品数量大的,处七年以上有期徒刑,并处罚金",若就该条文的字面意义来理解,只要行为人在客观上非法持有的毒品达到法律所规定的数量,便可成立非法持有毒品罪。既然第348条的法律条文未对该罪的主观罪过进行明确的规定与说明,不少学者也理所当然地认为,非法持有毒品罪应该遵循严格责任原则。也就是说,司法机关不需要运用证据证明行为人究竟存在何种主观心态,只要在客观上非法持有了一定数量的毒品便理所当然构成非法持有毒品罪。此时,行为人有无主观罪过在所不问。

第二,非法持有型犯罪作为一种特殊的犯罪类型,部分学者始终坚持适用严格责任原则,究其原因在于它的特殊之处:其持有对象往往都是特定的,为法律所严格管制。其次该持有行为具有一定的静止性让人难以察觉。而非法持有毒品罪作为持有型犯罪当中的一种,其特殊性主要表现在以下两个方面:一是持有对

---

❶ 苗有水.持有型犯罪与严格责任 [J].法律适用,1998(5):13.
❷ 向朝阳,康怀宇.论非法持有毒品罪之罪过及归责特征 [J].云南法学,2001(1).

象为毒品，是国家所严格管制的；二是行为人对毒品的非法持有完全属于一种静止控制的状态，司法机关很难查明行为人是否具有一定的主观恶性。基于主观罪过的查证难度，以及司法机关实际操作中所遇到的种种问题，为了加大对于非法持有毒品行为的打击力度，杜绝毒品犯罪活动只能依靠严格责任原则。

第三，随着刑事立法的不断发展，我国刑法领域不应当将严格责任完全排除在外。严格责任作为罪过责任的重要补充及例外，其本身具有一定的合理性，适用于特殊的犯罪类型，不仅是对英美刑法制度的合理移植与借鉴，还能够最大限度地打击犯罪。在非法持有毒品罪中，由于行为人的主观罪过难以被探明，司法机关在收集主观罪过的相关证据时必然会耗费大量时间，不仅耗费司法资源，增加司法成本，同时也对司法效率产生了一定的影响，正所谓"迟来的正义非正义"。非法持有毒品罪只有采用严格责任，才能实现公平、正义与效率三者的有机统一。

客观责任是指"仅仅根据行为与结果间的因果关系（如果这种因素是客观责任的构成要件的话），或者某种客观存在的事实来确定行为人的刑事责任"。[1]客观责任的成立不要求罪过，不要求故意或过失。在客观责任情况下，实体法上的犯罪构成无须主观罪过，故意和过失不是构成要件的内容。

客观责任实质是一种社会的无限防卫权，它使人完全处于被动的法律客体地位，个人应有的抗辩权被社会以公共防范名义强制剥夺，因而它在某种意义上意味着法律的"暴政"。罪过责任则恰恰相反，"强调罪过原则实际上反映了一种需要对刑罚（一般和特殊）预防作用进行限制的要求。它代表一种与刑罚的预防功能相反，但在现代民主制度中却居于不可侵犯地位的基本价值——对人的尊重。除了人们自身的要求外，不得为了某种目的而将人工具化，即不得

---

[1] 杜里奥·帕多瓦尼. 意大利刑法学原理[M]. 北京：法律出版社，1998：225.

将人用来作为实现超越他自身要求或强加于他的某种'目标'的工具,是尊重人的最基本要求"。❶

罪过责任论者坚持"无罪过即无犯罪",认为我国的犯罪构成理论由主客观两方面内容组成,严格根据犯罪构成判断某一行为是否符合构成犯罪。❷"严格责任作为英美法系所特有的一项刑法制度,完全有别于大陆法系的刑法原则。大陆法系犯罪构成理论从根本上对严格责任予以了否定"。❸在主观方面,我国刑法总则分别对行为人主观的故意、过失及意外事件做出了相应的规定,从根本上对严格责任这一特殊的责任原则予以了坚决的否定。"不论现在抑或是将来,我国刑事归责原则在立法和实践中应当只适用罪过责任,从根本上否定严格责任。"❹只要我国始终坚持主客观相统一的刑法理论,那么罪过责任理应是刑事责任中绝对不能撼动的归责原则。❺

笔者赞成罪过责任论的立场,认为非法持有毒品罪的罪过形式也是故意,而不是推定的罪过。理由如下:首先,我国《刑法》总则只规定了故意与过失两种罪过形式,《刑法》第16条明确指出:"行为在客观上造成了损害结果,但是不是出于故意或者过失,不是犯罪。总则指导分则,显然,《刑法》没有给严格责任这一特殊的责任类型留下任何余地。其次,非法持有毒品罪不要求行为人持有毒品出于特定的目的,但是并不意味着对行为人任何形式的主观心态都可以不加考虑,持有必须是一种有认识、有意志的行为。严格责任论和客观责

---

❶ 杜里奥·帕多瓦尼. 意大利刑法学原理[M]. 北京:法律出版社,1998:181.

❷ 盛文超. 毒品犯罪主观故意认定问题研究[D]. 成都;西南政法大学,2001.

❸ 储槐植. 美国刑法[M]. 北京:北京大学出版社,1996:86.

❹ 陈兴良. 刑法哲学[M]. 北京:中国政法大学出版社,1992:200.

❺ 熊琳,古松岭. 非法持有毒品罪的主观要件研究[J]. 法制博览,2013(10).

任论，没有能真正理解程序上的犯罪相对推定，将实体法上的罪过责任、客观责任与程序法上的推定相混淆，将程序上起诉机关罪过举证责任的免除与实体上罪过不再是构成要件相等同，故而才错误地推演出既然持有型犯罪程序上必须实行其所谓的严格责任，那么罪过便不应再是其实体构成要件的结论。该观点的错误在于，忽视了除起诉机关外，还有其他刑事法律关系主体——被告人。对于被告人来说，起诉机关不必举证的罪过无论在实体上还是在程序上，都是不可或缺的要件。❶

二、明知

（一）明知的内容

关于明知的含义有狭义说、广义说和折中说三种不同的观点。

（1）狭义说（又称"具体符合说"）认为，犯罪故意中的明知是指行为人对自己所实施的构成犯罪的所有具体事实具有完全正确的认识。在毒品犯罪中，要求行为人必须对是某种具体的毒品有完全正确的认识。笔者认为，该学说要求行为人对构成犯罪的具体事实完全认识，显然有所不妥，对明知的含义理解过于狭隘。

（2）广义说（又称"抽象符合说"）认为，犯罪故意中的明知是指行为人所预见的行为与实际实施的犯罪行为具有某种性质上的一致性。也就是说，只要行为人预见的行为与实际实施的行为性质具有抽象的一致性时，就可认定为故意，

---

❶ 程宗璋. 论持有型犯罪之主观罪过 [J]. 武汉大学学报（社会科学版），2001(54).

并按实际实施的行为性质定罪。笔者认为，如果按照广义说的理解，对于毒品犯罪，只要行为人对自己行为的对象知道可能是违禁品或"不好的东西"，就具有了犯罪的故意，就成立毒品犯罪。这种观点对明知的理解过宽，既不符合明知的本来之意，也不符合司法实践的常识。

（3）折中说（又称"法定符合说"）认为，犯罪故意中的"明知"是指行为人事前所预见的犯罪行为与实际实施的犯罪行为，应属于符合同一犯罪构成客观要件的行为。这种观点认为，行为人只要明知行为对象是毒品，但不必具体知道是何种毒品。该学说在大陆法系国家已经是通说，笔者也赞同法定符合说的观点。

具体到毒品犯罪而言，笔者认为其主观"明知"应包括以下内容应：

第一，嫌疑人明知是毒品不等于确知是毒品，也包括其知道、认识到、意识到或者怀疑到可能是毒品，更不要求确切地知道是哪种毒品、毒品数量、毒品含量、具体藏毒位置等。只要嫌疑人认识到、意识到或者怀疑其所运输的、携带的、持有的物品可能是毒品，则其运输、携带、持有等的行为就是放任自己行为发生危害社会的结果，是间接故意的毒品犯罪。因此，嫌疑人主观上只要认识到"可能是"毒品就成立"明知"。

第二，只要嫌疑人主观上明知其运输、携带、持有的是或者可能是违禁品，而客观上其运输、携带、持有的是毒品，即可构成毒品犯罪。这与窝赃、销赃罪要求嫌疑人必须明知是赃物不同。因为如果嫌疑人不知道是赃物，则其持有、转移、收购等行为没有任何主观恶性，不存在主观上直接故意或间接故意的犯罪问题。而如果嫌疑人主观上明知其运输、携带、持有的是或者可能是违禁品，就有了主观上的恶性。也就是说，嫌疑人有危害社会的概括故意。

此外，窝藏毒品罪的明知也是毒品犯罪理论中的一个争议话题，焦点在于其明知是否包括对犯罪分子的明知。我国《刑法》第349条第1款规定："包庇走私、贩卖、运输、制造毒品的犯罪分子的，为犯罪分子窝藏、转移、隐瞒毒品或者犯罪所得的财物的。"上述条款涉及两项罪名：前者是包庇毒品犯罪分子罪，后者是窝藏、转移、隐瞒毒品、毒赃罪。根据《刑法》有关规定，包庇毒品犯罪分子罪中的行为人，事先要明知自己所包庇的犯罪对象是特定的走私、贩卖、运输、制造毒品的人，对此学者基本没有异议。但是，对于司法实践中比较容易遇到的窝藏毒品罪，其行为人主观上明知是否包括犯罪分子，却存在很大的争议。有的学者认为，只要明知所窝藏的是毒品，就可构成犯罪，无须明知是为走私、贩卖、运输、制造毒品的犯罪分子窝藏毒品。也有学者认为，《刑法》第349条是条完整的刑法条文，两个犯罪分子的含义应该相同，即均为走私、贩卖、运输、制造毒品的犯罪分子，故只有明知为走私、贩卖、运输、制造毒品的犯罪分子窝藏毒品，且事先未有通谋的，才构成窝藏毒品罪。而为其他犯罪分子窝藏毒品的，应依据《刑法》第312条的规定，以窝藏赃物罪论处。

笔者认为，对此罪中的行为人主观上明知不应该包括犯罪分子，可以从以下几方面进行综合分析。

首先，从窝藏毒品罪设立的目的看，其要严惩的是明知毒品而为他人藏匿的行为。窝藏毒品罪最初见之于1990年颁布的《关于禁毒的决定》，1997年《刑法》颁布实施，该罪名被保留。窝藏毒品罪的增设是鉴于窝藏行为的对象是社会危害性极大的毒品，并不涉及原毒品持有人在持有毒品时的行为性质。行为人明知毒品是构成该罪的最基本的条件，而事实上该罪名本身也直接表明了此罪最本质的特征。

其次，从刑法条文的文字表述看，可以认定窝藏毒品罪中的犯罪分子并不限定于走私、贩卖、运输、制造毒品的犯罪分子。犯罪分子系刑法中一个总的概念，如《刑法》总则第 4 条规定："刑罚的轻重，应当与犯罪分子所犯罪行和承担的刑事责任相适应"，上述的犯罪分子理所当然包括犯罪的个人和单位。但是，这并不表明只要涉及犯罪分子就必然指向个人和单位。同理，虽然包庇毒品犯罪分子罪和窝藏毒品罪包含于同一刑法条文中，在同时出现的犯罪分子上容易引起歧义，但毕竟是两项独立的罪名。当条文将前罪的构成要件已表述完毕时，其所有的特定概念也仅限于此。至于后者窝藏毒品罪中的犯罪分子，一方面该罪的表述中未明确规定是哪类犯罪分子，另一方面也不应该受到前罪中有关特定的犯罪分子的限制，因为两者的犯罪对象截然不同。因此，从字面上理解，行为人仅明知毒品而为他人藏匿，即构成窝藏毒品罪。

最后，不要求对犯罪分子的明知，并不违背罪行法定原则。窝藏毒品罪是因为行为对象是危害性极大的毒品而设立的，因为行为人明知毒品是该罪最重要的特征，至于为哪类犯罪分子窝藏不影响此罪的构成。而且，如果上述犯罪分子的行为性质限定于包庇毒品犯罪分子罪中的四种，势必会轻纵某些窝藏毒品的行为。例如，某些走私、贩卖、运输、制造毒品的犯罪分子，司法机关因证据不足而认定其构成非法持有毒品罪，那么为其窝藏毒品的行为就不能认定窝藏毒品罪；对盗窃、诈骗、抢劫来的毒品予以窝藏也不能认定此罪。这显然不符合我国严厉打击毒品犯罪的刑事政策，也违背了当初设立此罪的初衷。此外，在刑法中，同时存在窝藏毒品罪与窝藏赃物罪的情况下，就公众的认同感而言，将窝藏毒品的行为认定为窝藏毒品罪，肯定要比认定为窝藏赃物罪易于接受。因此，将窝藏毒品罪中的犯罪分子理解为泛指的概念，并没有超出刑法用语可能具有的含义，即在刑法文义的射程之内，并不违反罪刑法定的原则。

（二）主观明知的认定

构成毒品犯罪，要求行为人主观方面必须是故意，即明知是毒品而走私、贩卖、运输、制造。因此，证明行为人对毒品的主观明知，是证明犯罪事实必不可少的一部分。❶为解决实践难题，"两高一部"2007年印发了《关于办理毒品犯罪案件适用法律若干问题的意见》，其中就行为人的主观明知规定了8种可以认定为"应当知道"的情形。最高人民法院在2008年12月印发的《纪要》中又把可以认定为应当知道的情形扩展至10种。❷总体来说，在主观明知的认定上，理论界存在三种观点。

第一，严格责任说。刑法理论界，有的学者提出对毒品犯罪尤其是非法持有毒品罪应该采用严格责任。我国1997年《刑法》第348条规定："非法持有鸦片1000克以上、海洛因或者甲基苯丙胺50克以上或者其他毒品数量大的，处死刑。"因此，有学者认为，该条只规定非法持有一定数量的毒品即构成犯罪，并未强调

---

❶ 杜颖.毒品犯罪案件中"主观明知"认定的实证解析 [J]. 西南政法大学学报, 2014(16).

❷ "两高一部"《关于办理毒品犯罪案件适用法律若干问题的意见》（2007年11月8日）中"关于毒品犯罪嫌疑人、被告人主观明知的认定问题"部分规定："具有下列情形之一，并且犯罪嫌疑人、被告人不能做出合理解释的，可以认定其应当知道，但有证据证明确属被蒙骗的除外：（一）执法人员在口岸、机场、车站、港口和其他检查站检查时，要求行为人申报为他人携带的物品和其他疑似毒品物，并告知其法律责任，而行为人未如实申报，在其所携带的物品内查获毒品的；（二）以伪报、藏匿、伪装等蒙蔽手段逃避海关、边防等检查，在其携带、运输、邮寄的物品中查获毒品的；（三）执法人员检查时，有逃跑、丢弃携带物品或逃避、抗拒检查等行为，在其携带或丢弃的物品中查获毒品的；（四）体内藏匿毒品的；（五）为获取不同寻常的高额或不等值的报酬而携带、运输毒品的；（六）采用高度隐蔽的方式携带、运输毒品的；（七）采用高度隐蔽的方式交接毒品，明显违背合法物品惯常交接方式的；（八）其他有证据足以证明行为人应当知道的。"《纪要》[法（2008）324号] 在2007年《意见》的基础上作了一定调整，增加了两项可以认定为"主观明知"的情形：行程路线故意绕开检查站点，在其携带、运输的物品中查获毒品的；以虚假身份或者地址办理托运手续，在其托运的物品中查获毒品的。

持有人对毒品的持有状态具有明知的罪过,只要客观上持有而不考虑是否有罪过即可定罪。❶ 也有学者认为,从实体规范上判断,通常充当其他犯罪主观要件的故意、过失就不再是非法持有毒品罪的构成要件。❷ 这些学者认为,非法持有毒品罪的罪过是一种严格责任,在认定其他毒品犯罪的主观故意时,如果侦查获取的直接证据无法认定,可以采用严格责任制度来认定。

第二,概括性明知说。毒品犯罪的司法实践中,司法机关在无确凿充分的证据证明毒品犯罪嫌疑人、被告人主观故意的情况下,常常采用概括性故意理论来认定其构成犯罪,认为其既然对可能运输携带有社会危害性的违法物品有所认识,故毒品也应包含在其主观认识中。未超出其已有的非法故意,即行为人对此有概括性故意,可以认定行为人构成相关的毒品犯罪。《上海高院关于审理毒品犯罪案件具体应用法律若干问题的意见》(沪高法(2000)312号)也认可了主观明知的概括性。❸ 在理论中,也有学者赞同这个方法,"要证明毒品犯罪嫌疑人主观上明知是十分困难的,这是司法实践无法回避的一大难题"。在这种情况下,理论界和实践中应引入概括性认识的概念,也就是概括性明知。❹ 行为人在知道的情况下实施运输毒品等行为的,是直接故意;在不知道的情况下实施运输毒品等行为的,则缺乏主观罪过而不构成犯罪。那么,处于中间状态

---

❶ 冯亚东. 理性主义与刑法模式 [M]. 北京:中国政法大学出版社,1999.

❷ 苗有水. 持有型犯罪与严格责任 [J]. 法律适用,1998(5).

❸《上海高院关于审理毒品犯罪案件具体应用法律若干问题的意见》第4款第1条:如果没有足够的证据证实行为人在主观上明知是毒品,但能够证实其对所承运物品的非法性具有概括性认识,行为人为了赚钱不计后果接受他人雇佣,事实上实施了运输毒品行为的,可以认定运输毒品罪,在量刑时酌情给予从轻处罚。如果确有证据证实行为人不知是毒品,而系受蒙骗实施运输毒品行为的,则不能认定为犯罪。

❹ 李武清. 引入概括性认识的概念 [J]. 人民检察,2007(21).

的"可能知道"是个什么概念呢？笔者认为，这是一种对于毒品等犯罪对象的法律性质有概然性认识的状态，在主观上对于犯罪对象及其法律性质是一种既不确定而又不排除的认识状态。❶我国《刑法》对毒品犯罪的罪过没有加以规定。毒品犯罪的罪过形式是否是一种推定的罪过呢？这种疑问的提出首先是由于多数学者认为非法持有毒品罪的责任是一种严格责任，《刑法》分则第348条规定的非法持有毒品罪，"非法持有鸦片1000克以上、海洛因或者甲基苯丙胺50克以上或者其他毒品数量大的……"从该条规定看，只要行为人持有一定数量的毒品，就构成非法持有毒品罪。这是否意味着无论行为人主观上是否有犯罪故意都构成非法持有毒品罪呢？

第三，无罪推定说。我国不支持事实推定的学者普遍持这样一种观点：事实推定违反了无罪推定原则与有利被告原则，会导致法官自由裁量权的滥用。❷无罪推定原则与有利被告原则，均属于刑事诉讼的基本原则范畴，它们都体现了现代刑事诉讼人权保障的功能与程序正义的价值理念。然而，基于价值平衡和价值选择的一般原理，有原则就应当有例外，刑事推定正是限制无罪推定原则和有利被告原则的例外情形。刑事推定是在某类缺乏足够的证据直接证明待证事实的案件中，根据基础事实的存在，通过常态联系来认定推定事实。❸我国刑事诉讼法长期坚持的是客观和真实的证明标准，但近年来，不少学者主张以法律真实取代客观真实。笔者认为，"客观真实"的证明标准忽视了真理的相对性。法律真实的证明标准更符合实际，因为大多数案件追求绝对的客观真实是不可能的。刑事诉讼证明的任务是尽可能地接近客观真实，但永远无法达到客观真实。

---

❶ 古加锦. 运输毒品罪疑难问题研究 [J]. 海峡法学，2012(52).

❷ 龙宗智. 推定的界限及适用 [J]. 法学研究，2008(1).

❸ 汪建成，何诗扬. 刑事推定若干基本理论之研讨 [J]. 法学，2008(6).

笔者认为，在我国坚持主客观相统一的刑法理论下，不宜适用严格责任理论来认定毒品犯罪的主观故意。严格责任是英美国家的一种制度，始于19世纪末20世纪初。严格责任，又称绝对责任或无过失责任，是指仅凭客观实害便可定罪量刑的罪行，即使行为人全无过失，也不影响刑事责任的承担，主观罪过不是该种罪行的构成要件。以客观论罪，便是严格责任之真正意义所在。首先，我国不宜借鉴英美国家的严格责任制度。在英美国家刑法理论中，严格责任一般存在社会福利方面的犯罪和道德方面的犯罪。但在我国，此类行为只相当于我们采用行政手段制裁的行为。正如储槐植教授所言："类似美国刑法中的绝对责任论，在大陆法系一些国家都不是犯罪，只是可受行政处罚的违反工商行政管理或治安交通管理的违法行为。"由于行政处罚是未必要求主观罪过要件的，所以绝对责任制度的存废之争的关键在于那些同公共利益息息相关的违法行为是否纳入犯罪的范畴。❶ 我国《刑法》第13条规定,刑法处罚的是严重危害社会的行为。因此，在我国，既有的刑事立法体制下不应该存在英美的严格刑事责任。其次，严格责任原则同罪过责任原则相违背。罪过责任是不可动摇的归责原则，也是刑事责任与民事责任相区别的重要标志之一。我国《刑法》总则第14条、第15条规定了故意与过失两种罪过形式，并且第16条明确规定："行为在客观上造成了损害结果，但是不是出于故意或过失就不是犯罪。"因此可见，如果行为人主观上没有故意或过失的罪过，即使行为人的行为在客观上造成了一定的损害结果，该行为也不具有刑法意义上的社会危害性，行为人就不应该受到刑事制裁。

赞同采用概括性故意的方法来认定毒品犯罪主观故意的学者大多认为，毒品犯罪的犯罪嫌疑人、被告人虽然主观上并不明确地知道其运输携带的是毒品，但最起码知道其所携带的是不正常、不合法的物品。在这种认识前提下，如果

---

❶ 储槐植. 美国刑法 [M]. 北京：北京大学出版社，2005.

· 171 ·

侦查人员查获行为人确实运输携带的就是毒品，那就可以采用概括性故意的观点来认定其构成相应的毒品犯罪。笔者对概括性故意的观点尚不赞同，认为此观点中主要存有以下几个问题：在刑法理论中，犯罪故意有确定故意与不确定故意之分，概括性故意属于不确定故意中的一种类型。概括性故意是指行为人明知自己的行为会发生危害社会的结果，只是对侵害对象范围与侵害性质的认识尚不明确的心理态度。在概括性故意犯罪中，行为人主观上是明知故犯，行为人对其具体实施的行为是明确认识的，不存在模糊性、概括性，概括的只是行为人对结果的认识。而在行为人对所携带运输的具体是何种物品不确知的情况下，其主观上对其行为缺乏足够的认识。因此，若采用概括性故意的方法来认定毒品犯罪的主观故意，并据此判定行为人承担刑事责任，是对概括性故意实质含义的错误理解。

笔者认为，在坚持主客观相统一的理论下，推定的方式是认定毒品犯罪主观故意应有的选择。推定作为刑事诉讼中一种重要的辅助性方法，它的司法价值主要体现在降低诉讼成本，提高诉讼效率，推进诉讼的顺利进行，有力地打击犯罪与维护社会稳定，实现诉讼和谐等方面。首先，降低诉讼成本，提高诉讼效率。刑事诉讼的重要任务之一就是准确地认定案件事实。限于一些客观原因，人类对案件事实，特别是推定事实的认定只能处于不断地接近中。其次，刑事诉讼的证明对象不光包括客观方面，还包括主观方面。然而，人类的认识能力毕竟有限，被告人主观方面是否具有明知、故意和目的等，在证明上非常困难。推定是从客观行为通向主观世界的一道桥梁，准确地使用推定有利于诉讼效率的提高。❶ 人类利用推定的方法，在提高办案能力的同时，使我们的认识由客观世界跨进主观领域，极大地提高了诉讼效率。《联合国禁止非法贩运麻醉药品和精神药物公约》

---

❶ 叶自强. 论推论的根据[J]. 河北法学, 2009(11)：72.

第八章 毒品犯罪的主观方面

第 3 条第 3 款规定:"构成本条第 1 款所列罪行的知情、故意或目的等要素,可根据客观情况加以判断。"

在司法实践中,在犯罪嫌疑人的身边或住处查获了毒品,即使是当场人赃俱获,却因为犯罪嫌疑人辩称对查获的东西不知道是毒品,而可能对其是否明知产生疑问。针对这种情况,有学者建议在立法上应规定在查处毒品犯罪时适用"事实推定"原则,即如果在某人的身边、住处或者驾驶的车辆中查获了毒品,而行为人又有一系列反常的行为(如不敢认领被查获的东西,运输货物中夹带的毒品经过精心伪装,运货的收益超过正常运费的几倍,有逃避检查的明显特征等),从已经查明的基础事实能够推断行为人主观上已达到应该知道的程度,就可以推定其明知持有物中容载或藏匿有毒品。我国可以借鉴英国证据法关于举证责任分担的理论与有关的立法,如同查获官员拥有巨额财产时要求其说明财产来源一样,当在某人的身边、住处查获了毒品时,也应要求当事人对持有的毒品做出解释。换句话说,要求犯罪嫌疑人在反驳指控时必须承担部分举证责任。如果他不能提供事实根据或者其辩解完全不合情理,就可以根据案情中的基础事实做出适当的推论,即推定其明知持有物是毒品。❶

推定的机理表现为基础事实和推定事实之间的普遍的共存关系,即当基础事实存在时,在绝大多数情况下推定事实也存在。因此,当推定事实无法直接证明或直接证明社会成本过高时,就可以通过证明基础事实的存在而间接证明推定事实的存在。❷ 贩卖毒品罪由于犯罪行为的隐蔽性的特点,决定了不少处于从犯地位的犯罪分子并没有看到所交易的毒品实物,也没有听到主犯向其明确表示要进行毒品交易的情况。在这种情况下,就必须运用推定法则并根据行为时的一系列

---

❶ 崔敏. 查处毒品犯罪中的疑难问题与解决问题的思路 [J]. 中国人民公安大学学报, 2004(6).

❷ 游伟, 肖晚祥. 论刑事推定认定及其司法意义 [J]. 浙江审判, 2001(2).

具体情况来推定行为人是否明知是毒品。因为毒品犯罪分子相互之间往往都是心知肚明、配合默契的，行为人往往并不需要用言语表明或看到毒品才知道是毒品。在这种情况下，不能仅因为行为人没有看到或听到是毒品就一律否定其"明知"。只要根据当时的具体情况能推定出行为人对所交易的东西是毒品，即具有概括性认识，就可以推定其"明知"。❶

---

❶ 肖晚祥. 贩卖、运输毒品罪的司法认定 [J]. 华东刑事司法评论，2003(1).

参 考 文 献

一、著作类

[1] 陈兴良. 共同犯罪论 [M]. 北京：中国社会科学出版社，1992.

[2] 陈兴良. 罪名指南 [M]. 北京：中国政法大学出版社，2000：1287.

[3] 崔敏. 毒品犯罪发展趋势与遏制对策 [M]. 北京：警官教育出版社，1999.

[4] 大缘仁. 犯罪论的基本问题 [M]. 冯军，译. 北京：中国政法大学出版社，1993.

[5] 胡云腾. 存与废——死刑基本理论研究 [M]. 北京：检察院出版社，2003.

[6] 蒋和平. 毒品问题研究 [M]. 成都：四川大学出版社，2005.

[7] 蒋筑君. 新刑法与毒品犯罪 [M]. 北京：西苑出版社，1999.

[8] 金泽刚. 犯罪既遂的理论与实践 [M]. 北京：人民法院出版社，2001.

[9] 郦毓贝. 毒品犯罪司法适用 [M]. 北京：法律出版社，2005.

[10] 刘澄清. 走私、制造、贩卖、运输毒品罪 [M]. 北京：中国检察出版社，1991.

[11] 刘建宏，熊海燕，黄开诚，等. 新禁毒全书：中国毒品犯罪及反制 [M]. 北京：人民出版社，2014.

[12] 刘建宏. 新禁毒全书：全球化视角下的毒品问题 [M]. 北京：人民出版社，2014.

[13] 刘宪权，杨兴培．刑法学转论 [M]．北京：北京大学出版社，2007．

[14] 罗文波．加拿大刑事法典 [M]．冯凡英，译．北京：北京大学出版社，2008．

[15] 罗伊·波特，米库拉什·泰希．历史上的药物与毒品 [M]．北京：商务印书馆，2004．

[16] 马克昌．比较刑法原理（外国刑法学总论）[M]．武汉：武汉大学出版社，2003．

[17] 欧阳涛，陈泽宪．毒品犯罪及对策 [M]．北京：群众出版社，1992．

[18] 彭凤莲．毒品犯罪专题整理 [M]．北京：中国人民公安大学出版社，2007．

[19] 邱创教．毒品犯罪惩治与防范全书 [M]．北京：中国法制出版社，1997．

[20] 桑红华．毒品犯罪 [M]．北京：警官教育出版社，1993．

[21] 桑红华．毒品犯罪 [M]．北京：警官教育出版社，1992．

[22] 肖怡译．芬兰刑法典 [M]．北京：北京大学出版社，2005．

[23] 杨鸿．毒品犯罪研究 [M]．广州：广东人民出版社，2002．

[24] 于志刚．毒品犯罪及相关犯罪认定处理 [M]．北京：中国方正出版社，1999．

[25] 于志刚．毒品犯罪之理论问题研究 [M]．北京：时事出版社，1997．

[26] 于志刚．热点犯罪法律疑难问题解析第三集：毒品犯罪证据调查与运用 [M]．北京：中国人民公安大学出版社，2001．

[27] 云南省高级人民法院．惩治毒品犯罪理论与实践 [M]．北京：中国政法大学出版社，1993．

[28] 张洪成，黄瑛琦．毒品犯罪法律适用问题研究 [M]．北京：中国政法大学出版社，2013．

[29] 张洪成．毒品犯罪争议问题研究 [M]．北京：法律出版社，2011．

[30] 张明楷．刑法分则的解释原理 [M]．北京：中国人民大学出版社，2004．

[31] 张明楷．刑法学（下）[M]．北京：法律出版社，1997．

[32] 张明楷．刑法原理 [M]．北京：商务印书馆，2011．

[33] 张文峰. 当代世界毒品大战 [M] 北京：当代世界出版社，1995.

[34] 张辛陶. 毒品犯罪的认定与案例分析 [M]. 北京：人民法院出版社，2000.

[35] 赵秉志、于志刚. 毒品犯罪 [M]. 北京：中国人民公安大学出版社，2003.

[36] 赵秉志. 毒品犯罪研究 [M]. 北京：人民法院出版社，1992.

[37] 赵秉志. 毒品犯罪研究 [M]. 北京：中国人民公安大学出版社，1993.

[38] 赵秉志. 新刑法教程 [M]. 北京：中国人民大学出版社，1997.

[39] 赵常青. 中国毒品问题研究 [M]. 北京：中国大百科全书出版社，1993.

[40] 赵长青. 中国毒品问题研究——禁毒斗争的理论与实践 [M]. 北京：中国大百科全书出版社，1993.

[41] 郑蜀饶. 毒品犯罪的法律适用 [M]. 北京：人民法院出版社，2001.

[42] 祝铭山. 走私、贩卖、运输、制造毒品罪 [M]. 北京：中国法制出版社，2004.

[43] 邹伟. 毒品犯罪的惩治与防范 [M]. 北京：西苑出版社，1999.

二、报刊类

[1] 包涵. 贩卖毒品罪的主观方面之辨——目的犯视角下"以牟利为目的"的批判与改良 [J]. 中国人民公安大学学报（社会科学版），2015(4).

[2] 毕志明. 关于窝藏毒品罪的几个问题 [J]. 人民司法，1995(9).

[3] 蔡传洪. 贩卖、运输、还是持有毒品 [J]. 中国刑事法杂志，1999(2).

[4] 曹多富. 毒品犯罪刑罚适用典型问题探析 [J]. 法制与经济（中旬刊），2009(5).

[5] 曹坚. 贩卖、运输毒品罪的罪名、罪数及既未遂形态研究 [J]. 江苏警官学院学报，2003(1).

[6] 曹文杰. 掺水后的毒品数量如何计算 [N]. 江苏法制报，2009-07-14

[7] 曹子丹，白山云.完善禁毒立法运用法律武器惩治毒品犯罪 [J].政法论坛，1990(6).

[8] 曾文远.再论非法持有毒品罪 [J].行政与法，2011(5).

[9] 曾粤兴，蒋涤非.毒品犯罪若干刑罚问题新议——以大陆刑法理论为研究视角 [J].北方法学，2007(3).

[10] 常秀娇，吴旸.再犯毒品犯罪情节的定性与司法适用 [J].河南警察学院学报，2012(1).

[11] 车志平.不以营利为目的居间介绍买卖毒品的行为性质之辨析 [J].中国检察官，2011(20).

[12] 陈兵，姜金良，仇兆敏.通过居间介绍的方式赚取毒品的行为定性 [J].中国检察官，2015(12).

[13] 陈灿平.毒品犯罪中的新问题 [J].法律适用，2001(12).

[14] 陈丹.我国毒品犯罪死刑问题研究 [J].法制博览，2013(7).

[15] 陈飞，王雪.洗钱罪与窝藏、转移、隐瞒毒品、毒赃罪关系的厘清 [J].云南大学学报，2015(5).

[16] 陈贺评，宁积宇.以毒品交付作为贩卖毒品罪既遂标准 [N].检察日报，2009-10-12.

[17] 陈嘉.论毒品犯罪的犯罪形态 [N].江苏经济报，2009-02-23.

[18] 陈久红，王东海.毒品犯罪中"以贩卖为目的而非法收买"的具体判断 [J].中国检察官，2013(4).

[19] 陈军.贩卖毒品罪若干问题探析 [J].法制与社会，2012(15).

[20] 陈雷.试析贩卖毒品罪的客观行为模式 [J].时代金融，2011(14).

[21] 陈丽平.吸食毒品危险驾驶应定罪入刑 [N].法制日报，2015-01-09.

[22] 陈连卿，潘礼斌.刍议增设非法吸食、注射毒品罪之必要性 [J].公安学刊，2001(2).

[23] 陈亮.毒品走私案件取证中存在的问题及对策 [J].云南警官学院学报，2012(6).

[24] 陈凌.吸毒者持有毒品行为的刑法认定 [J].中国检察官，2010(9).

[25] 陈墨白.贩卖毒品罪之证明标准体系建构 [J].法制博览，2015(9).

[26] 陈鹏飞.贩卖毒品罪之居间行为刍议 [J].山西省政法管理干部学院学报，2014(4).

[27] 陈鹏飞.论贩卖毒品中的居间行为 [J].广西警官高等专科学校学报，2014(4).

[28] 陈荣飞.论毒品纯度与涉毒行为之定罪量刑关系 [J].四川理工学院学报（社会科学版），2011(3).

[29] 陈荣娇，杨红.浅析贩卖毒品罪的一般认定问题 [J].江西社会科学，2003(11).

[30] 陈珊珊.论非法持有毒品罪 [J].江西公安专科学校学报，2002(2).

[31] 陈胜才，谭闯.盗、抢毒品与犯罪客体的冲突及协调 [J].人民检察，2001(6).

[32] 陈世伟.对贩卖毒品罪基本理论问题的若干思考——兼与高艳东同志商榷 [J].云南警官学院学报，2005(2).

[33] 陈世伟.新型毒品犯罪：生成特征与宽严相济 [J].江西公安专科学校学报，2010(1).

[34] 陈世伟.毒品犯罪死刑问题研究 [J].西南政法大学学报，2006(8)：2.

[35] 陈守华，李文岫.是制造毒品罪，还是非法持有毒品罪、贩卖毒品罪？[J].人民司法，1998(8).

[36] 陈锡章，程生彦.毒品犯罪案件中证据认定问题研究 [J].法学杂志，2010(9).

[37] 陈兴良.受雇佣为他人运输毒品犯罪的死刑裁量研究——死囚来信引发的思考 [J].北大法律评论，2005(1).

[38] 陈兴良.协助他人掩饰毒品犯罪所得行为之定性研究——以汪照洗钱案为例的分析 [J].北方法学，2009(4).

[39] 陈亚东，魏巍.从一起非法持有毒品案谈"辅助持有" [J].法制与经济，2015(12).

[40] 陈怡盈.运输毒品罪主观故意的认定——结合张某运输毒品案 [J].法制博览，2015(32).

[41] 程彤华. 论贩卖毒品罪 [J]. 政法学刊，1996(1).

[42] 程哲. 毒品再犯与一般累犯的相关问题研究 [J]. 法制与社会，2010(18).

[43] 褚宸舸. 当代中国毒品犯罪研究学术史和方法论述评——兼论毒品犯罪的知识社会学研究视角 [J]. 青少年犯罪问题，2006(1).

[44] 戴有举. 如何理解贩卖毒品罪中的"贩卖" [J]. 人民检察，2006(6).

[45] 邓淦华. 毒品犯罪形态初探 [J]. 广州市公安管理干部学院学报，2001(1).

[46] 邓双蔚. 非法持有毒品罪的毒品成分如何折算 [J]. 商品与质量，2010(5).

[47] 邓水云. 毒品犯罪死刑拷问——写在《刑法修正案（八）》颁行之时 [J]. 云南大学学报（法学版），2011(5).

[48] 邓天江，董滨堂. 贩卖毒品罪中"居间介绍"行为的定性 [J]. 中国律师，2010(8).

[49] 邓维聪. 运输毒品共犯的认定 [N]. 人民法院报，2010-06-23.

[50] 邓维聪. 运输毒品罪既遂、未遂的认定 [N]. 人民法院报，2007-12-19.

[51] 邓又天，邓纲. 论毒品犯罪 [J]. 现代法学，1993(2).

[52] 邓长征. 贩卖毒品罪过的特别推定 [J]. 人民检察，2000(10).

[53] 丁学文. 互易毒品行为的刑法认定 [J]. 法制与经济，2015(3).

[54] 董胜. 关于毒品犯罪财产刑适用及反洗钱之探讨 [J]. 经济研究参考，1998(27).

[55] 董晓松. 武装掩护走私、贩卖、运输、制造毒品的认定 [J]. 法律适用，2010(6).

[56] 杜冰倩. 为他人代购吸食所用毒品在运输途中被查获的司法认定 [J]. 法制与社会，2015(27).

[57] 杜开林. 新型毒品混合物毒品种类的认定及量刑 [J]. 人民司法，2013(12).

[58] 杜颖. 毒品犯罪案件中"主观明知"认定的实证解析 [J]. 西南政法大学学报，2014(3).

[59] 段兴金. 刘某的行为是否构成非法持有毒品罪 [J]. 检察实践，2002(6).

[60] 方嘉伟，王继超. 如何看待和处理居中介绍买卖毒品的行为——浅谈毒品犯罪立法的一处空白 [J]. 法制与社会，2007(11).

[61] 方也媛. 新型毒品犯罪立法缺陷研究 [J]. 辽宁公安司法管理干部学院学报，2013(3).

[62] 方元. 论非法使用毒品行为的刑法规制 [J]. 湖南行政学院学报，2008(3).

[63] 费东. 毒品犯罪案件中不同种类毒品折算累计的必要性和可行性 [J]. 法制与经济（中旬刊），2011(8).

[64] 冯向军. 诈骗毒品后部分贩卖如何定性 [N]. 检察日报，2007-12-26.

[65] 付丽芳. 软性毒品犯罪非罪化研究 [J]. 湖南公安高等专科学校学报，2009(1).

[66] 傅晔. 如何界定贩卖毒品犯罪的既遂与未遂 [N]. 检察日报，2011-07-25.

[67] 甘桂平. 毒品犯罪问题浅谈 [J]. 法律科学. 西北政法学院学报，1991(5).

[68] 高贵君，方文军. 数罪并罚情形中毒品再犯的认定问题 [N]. 人民法院报，2007-09-26.

[69] 高贵君，马岩，李静然. 最高人民法院、最高人民检察院、公安部《关于规范毒品名称表述若干问题的意见》的理解与适用 [N]. 人民法院报，2014-09-17.

[70] 高贵君，王勇，吴光侠.《办理毒品犯罪案件适用法律若干问题的意见》的理解与适用 [J]. 人民司法，2008(5).

[71] 高贵君，吴光侠. 如何认定毒品犯罪中的主观明知 [N]. 人民法院报，2008-06-25.

[72] 高贵君，竹莹莹. 吸毒人员在运输毒品过程中被查获的定罪问题 [J]. 人民司法，2008(11).

[73] 高铭暄，赵秉志，李希慧. 论毒品犯罪的罪名与刑罚适用 [J]. 中国法学，1992(1).

[74] 高珊琦. 论吸毒者持有毒品行为之定性与定量 [J]. 法律科学. 西北政法学院学报，2006(6).

[75] 高素云. 浅议运输毒品犯罪中的推定明知 [J]. 山西警官高等专科学校学报，2011(3).

[76] 高巍. 贩卖毒品罪的本质 [J]. 云南大学学报（法学版），2007(1).

[77] 高巍. 论贩卖毒品罪的连续关系 [J]. 学术探索, 2007(3).

[78] 高巍. 略论运输毒品罪几个问题 [J]. 云南大学学报（法学版）, 2009(5).

[79] 高秀东, 孟庆华. 再犯与毒品再犯的刑事责任问题探讨 [J]. 南都学坛, 2007(2).

[80] 高艳东. 贩卖毒品罪基本理论问题探析 [J]. 云南警官学院学报, 2004(1).

[81] 高艳东. 规范学视野中毒品刑法泛犯罪化与重刑化的反思 [J]. 云南警官学院学报, 2007(3).

[82] 高艳东. 运输毒品罪疑难问题研究 [J]. 广西政法管理干部学院学报, 2004(6).

[83] 高艳东. 制造毒品罪疑难问题之解析 [J]. 江西公安专科学校学报, 2004(2).

[84] 高玉敏, 刘慧明. 西部民族地区毒品犯罪及其治理 [J]. 天水行政学院学报, 2012(5).

[85] 葛立刚. 对贩卖毒品中"贩卖"目的及既未遂的认定 [J]. 中国检察官, 2015(12).

[86] 耿慧茹. "合伙贩毒"及新型毒品犯罪是否适用死刑立即执行 [J]. 中国审判, 2013(4).

[87] 龚晓明, 刘明智. 旁观他人在自己住处制造毒品的行为能否定罪 [J]. 人民检察, 2011(8).

[88] 古加锦. 贩卖毒品罪与非法持有毒品罪的证据把握 [J]. 人民司法, 2015(20).

[89] 古加锦. 运输毒品罪疑难问题辨析 [J]. 海峡法学, 2012(2).

[90] 顾静薇, 张小蓓. 贩卖毒品时放弃交易是否未遂 [J]. 人民检察, 2012(6).

[91] 顾明. 运输途中知悉乘客携带毒品能否认定为运输毒品罪 [J]. 中国检察官, 2015(2).

[92] 顾忠长. 非法持有毒品罪的法律适用与刑法规制 [J]. 犯罪研究, 2011(4).

[93] 关纯兴, 黄瑛琦. 窝藏转移隐瞒毒品毒赃罪研究 [J]. 云南警官学院学报, 2009(5).

[94] 关纯兴, 张洪成. 制造毒品罪认定及制造毒品犯罪现场证据搜集 [J]. 中国刑事警察, 2009(5).

[95] 关于规范毒品名称表述若干问题的意见 [N]. 人民法院报, 2014-09-17.

[96] 郭华,李豪,赵靖.论毒品再犯与一般累犯竞合的法律适用[J].西南农业大学学报（社会科学版），2013(8).

[97] 郭莉.以假币购买毒品的司法定性问题研究[J].中国检察官，2013(6).

[98] 郭寅,黄伯青.毒品案中共谋而未参与实行者的罪责认定[N].人民法院报，2010-06-24.

[99] 韩玉胜,章政.论毒品犯罪死刑适用的量刑情节[J].中国人民公安大学学报（社会科学版），2011(1).

[100] 郝川 李豪.毒品再犯和累犯竞合均衡量刑[N].检察日报，2013-02-04.

[101] 郝廷婷,杨中良.运输毒品主观上明知的认定[J].人民司法，2013(6).

[102] 何荣功,莫洪宪.毒品犯罪死刑的国际考察及其对我国的借鉴[J].华中科技大学学报（社会科学版），2012(2).

[103] 何荣功.当前我国毒品犯罪死刑限制与废除的主要障碍与对策[J].法治研究，2013(6).

[104] 何荣功.毒品的数量含量与毒品犯罪定罪量刑实务三题[J].刑法论丛，2012(3).

[105] 何荣功.毒品犯罪死刑适用的国际考察及其对我国的启示[J].刑法论丛，2011(2).

[106] 何荣功.运输毒品认定中的疑难问题再研究[J].法学评论，2011(2).

[107] 洪新波.贩卖毒品罪若干疑难问题司法认定[J].法制与社会，2009(30).

[108] 侯爱文.非法持有毒品罪"情节严重"的司法认定与完善建议[J].黑龙江省政法管理干部学院学报，2010(8).

[109] 胡芳.略论毒品犯罪死刑配置的正当性[J].中共郑州市委党校学报，2012(5).

[110] 胡海.新形势下非法持有毒品罪"情节严重"的认定[J].湖北警官学院学报，2015(11).

[111] 胡红军,王彪.未成年人毒品犯罪记录不能作为毒品再犯的依据[J].人民司法，2014(12).

[112] 胡江. 毒品犯罪司法适用中的宽严相济 [J]. 重庆工学院学报（社会科学版），2009(12).

[113] 胡江. 论窝藏、转移、隐瞒毒品、毒赃罪的法条竞合关系——兼评最高人民法院 [〔2009〕15号司法解释第3条规定 [J]. 西部法学评论，2015(6).

[114] 胡江. 三十年来我国毒品犯罪立法之演进 [J]. 云南大学学报（法学版），2009(5).

[115] 胡江. 我国毒品犯罪刑事政策之检视 [J]. 法治论丛，2010(3).

[116] 胡江. 走私、贩卖、运输、制造毒品罪的既未遂形态认定 [J]. 长江师范学院学报，2010(2).

[117] 胡胜. 不知是假毒品而帮人贩卖的行为定性——兼评司法解释关于贩卖假毒品之定性问题的非合理性 [J]. 贵州警官职业学院学报，2013(5).

[118] 黄伯青. 转移毒品罪与贩卖毒品罪之区分 [N]. 人民法院报，2015-01-22.

[119] 黄金钟. 毒品掺假贩卖数量如何计算 [N]. 检察日报，2011-04-24.

[120] 黄开诚，张小华. 毒品犯罪个罪认定中的三个问题 [J]. 中国审判，2015(14).

[121] 黄鹏. 浅析吸毒者持有毒品行为的定性与处罚 [J]. 广西警官高等专科学校学报，2008(3).

[122] 黄明成，黄从余. 为吸毒人员代买毒品的行为是否构成贩卖毒品罪 [J]. 中国检察官，2010(2).

[123] 黄威. 共同居住人可构成容留他人吸毒罪的共犯 [N]. 人民法院报，2014-06-26.

[124] 黄祥青. 浅析贩卖、运输毒品罪的既遂和未遂 [J]. 政治与法律，1999(3).

[125] 黄祥青. 误认尸块为毒品予以运输，应如何定罪处刑？——兼谈不能犯的定罪与量刑 [J]. 政治与法律，2001(2).

[126] 黄琰. 吸毒者贩卖毒品数额的认定 [N]. 人民法院报，2015-06-25.

[127] 黄瑛琦，张洪成. 毒品犯罪的罪数形态问题研究 [J]. 山东社会科学，2011(4).

[128] 黄瑛琦，张洪成. 走私、贩卖、运输、制造毒品罪的刑罚适用问题研究 [J]. 中南大学学报（社会科学版），2010(5).

[129] 贾晓文，彭浩珍. 贩卖毒品罪实证分析 [J]. 中国刑事法杂志，2005(4).

[130] 江凌燕. 非法种植毒品原植物罪之客观方面构成要件研究 [J]. 学理论，2013(21).

[131] 江润泽. 浅谈贩卖毒品犯罪既遂问题的司法认定 [J]. 法制与经济，2012(3).

[132] 姜金良，朱恩松. 居间介绍买卖毒品的定性 [J]. 人民司法，2014(12).

[133] 姜敏. 毒品纯度应当成为量刑的标准——论《刑法》357条第2款公正性之欠缺及其完善 [J]. 西南农业大学学报（社会科学版），2010(2).

[134] 姜新国. 运输毒品罪犯罪形态初探 [J]. 中国检察官，2010(19).

[135] 姜兴国. 认定毒品案件共同犯罪的几个问题 [J]. 人民检察，2002(8).

[136] 蒋涤非. 毒品犯罪若干问题新解——以《刑法》第347条为分析对象 [J]. 贵州警官职业学院学报，2008(6).

[137] 蒋晓静. 毒品再犯的认定 [J]. 人民司法，2008(10).

[138] 蒋莺. 贩卖毒品罪的认定与处罚 [J]. 中央政法管理干部学院学报，1997(5).

[139] 焦俊峰，马江领. 非法持有毒品罪中的刑事推定问题 [J]. 中国检察官，2011(7).

[140] 金晨欣. 论非法持有毒品罪 [J]. 江西公安专科学校学报，2010(1).

[141] 靖波，来宝彦. 代购毒品适用法律之困惑 [J]. 中国检察官，2015(18).

[142] 亢明，齐咏华，冯稚强. 毒品所致精神障碍的刑事责任能力 [J]. 临床精神医学杂志，2009(6).

[143] 亢泽春，刘少华，王高，等. 山东某高校学生毒品知识调查分析 [J]，河北医药，2008(9).

[144] 李斌. 吸毒人员贩毒应按购买毒品数量认定其贩毒数——由吴某贩毒案引起的法律思考 [J]. 法制与社会，2015(28).

[145] 李昌林.论走私、贩卖、运输、制造毒品罪 [J]. 西南政法大学学报，2000(2).

[146] 李丹.论社会控制毒品犯罪机制的完善与强化 [J]. 湖北行政学院学报，2002(5).

[147] 李东方.浅析未成年人贩卖毒品罪的认定与刑罚措施问题 [J]. 赤峰学院学报（汉文哲学社会科学版），2012(5).

[148] 李功胜，伍玉联.浅论毒品犯罪所侵害的法益 [J]. 西部法学评论，2009(2).

[149] 李光辉.贩卖毒品罪既遂未遂状态的具体判定 [N]. 检察日报，2010-12-06.

[150] 李光懿，阮惠风.新型毒品违法犯罪及法律适用问题研究 [J]. 武汉公安干部学院学报，2010(2).

[151] 李海滢.毒品再犯之我见 [J]. 当代法学，2002(2).

[152] 李贺军.毒品再犯的规定不宜优先适用于累犯 [N]. 检察日报，2008-06-30.

[153] 李化祥.刑法总则与分则的冲突及其解救——从非法种植毒品原植物罪并具有自动中止犯罪的视觉 [J]. 西部学刊，2015(6).

[154] 李怀胜，祝炳岩.对司法解释中毒品再犯规则的批判性思考——以刑法中的再次犯罪评价体系为视角 [J]. 中国刑事法杂志，2010(9).

[155] 李静然.非法持有毒品罪的司法疑难问题探析 [J]. 法律适用，2014(9).

[156] 李静然.特定情形下运输毒品罪与非法持有毒品罪的区分 [N]. 人民法院报，2014-07-02.

[157] 李岚林.我国毒品再犯制度之反思与重构 [J]. 河南财经政法大学学报，2014(2).

[158] 李丽，马骊华.评我国毒品犯罪罪名体系——以刑法目的为视角 [J]. 云南警官学院学报，2015(5).

[159] 李林.非法持有毒品罪研究 [J]. 西南政法大学学报，2008(4).

[160] 李民，吴万群.贩卖精神药品案的定性：贩卖毒品还是非法经营 [J]. 成都理工大学学报（社会科学版），2015(4).

[161] 李培泽. 析毒品犯罪认定中的几个问题 [J]. 现代法学，1992(1).

[162] 李平. 认定贩卖毒品罪应注意的几个问题 [J]. 魅力中国，2009(19).

[163] 李启新，冯磊. 走私、贩卖、运输、制造毒品罪既未遂问题探讨 [J]. 中国检察官，2006(7).

[164] 李黔民. 办理毒品犯罪案件应注意的几个问题 [J]. 人民司法，1991(8).

[165] 李尚文. 毒品含量对量刑的影响 [J]. 人民司法，2010(14).

[166] 李士勇. 运输毒品罪主观要件研究 [J]. 铁道警官高等专科学校学报，2005(3).

[167] 李炜，华肖. 论毒品再犯与一般累犯之适用关系 [J]. 法学，2011(9).

[168] 李文兰，李小平. 论毒品犯罪中主观要件的认定 [J]. 知识经济，2007(12).

[169] 李伍妹. 贩卖毒品中的代购与牟利 [J]. 法制博览（中旬刊），2014(5).

[170] 李希慧，董文辉. 论走私、贩卖、运输、制造毒品罪的立法完善 [J]. 时代法学，2011(3).

[171] 李希慧，邱帅萍. 走私、贩卖、运输、制造毒品罪中"未经处理"之含义考探 [J]. 河南财经政法大学学报，2012(2).

[172] 李希慧. 浅论非法持有毒品罪的两个问题 [J]. 河北法学，1991(3).

[173] 李希慧. 试论引诱、教唆、欺骗他人吸食、注射毒品罪 [J]. 法学评论，1992(1).

[174] 李玺. 运输和非法持有毒品的区别 [J]. 文教资料，2006(1).

[175] 李晓光，任能能. 制造毒品犯罪幕后老板的审查和认定 [J]. 人民司法，2010(24).

[176] 李鑫. 浅议毒品犯罪中"主观明知"的认定——以刑事推定为视角 [J]. 法制与社会，2013(33).

[177] 李彦青，陈君. 对滥用毒品行为非犯罪化的思考 [J]. 北京理工大学学报（社会科学版），2009(1).

[178] 李莹. 为他人藏匿毒品的行为如何定性 [J]. 中国检察官，2007(9).

[179] 李永升. 关于运输毒品罪若干问题研究 [J]. 贵州民族学院学报（哲学社会科学版），2010(3).

[180] 李永升. 运输毒品罪立法与司法问题研究 [J]. 刑法论丛，2012(4).

[181] 李永升. 走私毒品罪若干问题研究 [J]. 昆明理工大学学报（社会科学版），2013(3).

[182] 李勇. 以分食为目的帮他人代购毒品的定性 [N]. 法制生活报，2015-12-28.

[183] 李远桃. 浅谈非法持有"麻古"的定罪数量问题——以钟某非法持有毒品案为例 [J]. 法制与社会，2011(19).

[184] 李越锋，周胜俄. 毒品致幻后实施犯罪的可罚性分析 [J]. 中国检察官，2013(16).

[185] 李越锋，周胜俄. 毒品致幻型犯罪可罚性探析 [J]. 贵州警官职业学院学报，2014(1).

[186] 李云. 破解非法种植毒品原植物犯罪惩治难题 [J]. 中国检察官，2014(12).

[187] 李运才. 毒品犯罪死刑政策之评估 [J]. 刑法论丛，2010(4).

[188] 李运才. 论毒品犯罪的死刑立法控制——以走私、贩卖、运输、制造毒品罪的罪名调整为切入点 [J]. 贵州师范大学学报（社会科学版），2010(6).

[189] 李运才. 论走私、贩卖、运输、制造毒品罪之罪名调整——以毒品犯罪死刑的立法控制为视角 [J]. 西部法学评论，2010(6).

[190] 李忠正. "以贩养吸"者持有毒品行为之认定 [N]. 江苏经济报，2015-05-06.

[191] 利子平. 我国毒品犯罪刑事立法的反思——以类型化思维为视角 [J]. 南昌大学学报（人文社会科学版），2014(5).

[192] 梁彦军，何荣功. 贩卖毒品罪认定中的几个争议问题 [J]. 武汉大学学报（哲学社会科学版），2013(5).

[193] 廖憎昀. 海峡两岸毒品犯罪立法比较研究 [J]. 中外法学，1994(5).

[194] 林清梅. "以贩养吸"被告人贩卖毒品数量的认定 [J]. 山东审判，2015(2).

[195] 林涛，杨海. 毒品犯罪中诱惑侦查之刑事法治化探析 [J]. 四川警官高等专科学校学报，2007(1).

[196] 林亚刚. 运输毒品罪的若干问题研究 [J]. 法学评论，2011(3).

[197] 刘斌，罗文. 对查获"以贩养吸"被告人贩毒数量的认定 [N]. 人民法院报，2014-04-17.

[198] 刘冬娴，伍玉功，贺江南. 毒品犯罪量刑中毒品纯度问题刍议 [J]. 湖北警官学院学报，2015(11).

[199] 刘华. 论毒品犯罪的认定 [J]. 社会科学，1991(6).

[200] 刘吉如，孙铭，习明. 代购毒品部分用于自己吸食的行为定性 [J]. 中国检察官，2013(6).

[201] 刘继雁. 邀约打牌抽取毒资提供毒品吸食的定性 [N]. 人民法院报，2012-11-01.

[202] 刘金林. 从代收毒品案看非法持有与运输的区别 [N]. 检察日报，2013-05-17.

[203] 刘丽萍. 毒品"再犯"思考 [J]. 湖南公安高等专科学校学报，2010(5).

[204] 刘明祥. 论毒品犯罪中的毒品数量 [J]. 中央检察官管理学院学报，1993(2).

[205] 刘沛谞，曹琳. 运输毒品罪若干问题研究 [J]. 新疆大学学报（哲学人文社会科学版），2009(2).

[206] 刘卫华. 贩卖毒品罪若干问题研究 [J]. 益阳师专学报，1998(3).

[207] 刘霞，刘晖. 走私、贩卖、运输、制造毒品罪的既遂和未遂形态 [J]. 山东公安专科学校学报，2002(3).

[208] 刘夏. 论贩卖毒品罪的未遂与中止 [J]. 刑法论丛，2012(1).

[209] 刘艳红，梁云宝. 互易毒品行为定性"相对说"之提倡——兼与孙万怀教授商榷 [J]. 法律科学（西北政法大学学报），2011(1).

[210] 刘一亮，伍凌. 论铁路运输领域非法持有毒品罪与运输毒品罪的认定难点 [J]. 中国刑事法杂志，2014(5).

[211] 刘亦舒. 贩卖毒品罪的司法适用 [J]. 法制与社会，2015(21).

[212] 刘玉. 贩卖毒品犯罪中为买主介绍卖家是否构成犯罪 [N]. 法制生活报，2014-03-06.

[213] 刘玉. 未牟利帮人代购毒品如何定性 [N]. 法制生活报，2015-09-09.

[214] 刘宗梅. 居间介绍买卖毒品与代买毒品的行为界定 [J]. 赤峰学院学报（汉文哲学社会科学版），2009(11).

[215] 刘宗宇，王尚清. 容留他人吸食毒品罪相关问题探讨 [J]. 法制与社会，2012(25).

[216] 柳丽丽. 浅析贩卖毒品罪的既、未遂 [J]. 法制与社会，2011(6).

[217] 龙潭，蒋淳之. 毒品犯罪特别再犯条款研究 [J]. 贵州警官职业学院学报，2011(6).

[218] 龙艳. 毒品犯罪法律适用问题研究 [J]. 云南警官学院学报，2004(1).

[219] 卢雪华. 毒品再犯与累犯竞合时该如何适用法律 [N]. 检察日报，2008-06-11.

[220] 卢有学. 监外执行期间实施毒品犯罪是否从重处罚 [N]. 检察日报，2006-11-24.

[221] 陆晓光. 论毒品犯罪 [J]. 中南政法学院学报，1991(1).

[222] 路诚. 刍议运输毒品罪的犯罪目的 [N]. 人民法院报，2010-01-13.

[223] 路漫. 现行累犯制度的不足及完善 [N]. 人民法院报，2003-11-03.

[224] 罗洪亮. 非法持有毒品罪探析 [J]. 重庆交通大学学报（社会科学版），2012(1).

[225] 罗平. 论动态持有毒品之区分 [J]. 今日南国（中旬刊），2010(7).

[226] 吕垚瑶. 包庇毒品犯罪分子罪若干问题探析 [J]. 法制与社会，2011(6).

[227] 马超杰，肖波. 明知他人贩毒仍提供运载服务者构成毒品共犯 [N]. 人民法院报，2011-06-23.

[228] 马克昌，鲍遂献. 中国毒品犯罪的现状原因与对策 [J]. 法律适用，1993(1).

[229] 马骊华. 毒品的种类、数量、含量与罪刑关系研究 [J]. 云南大学学报（法学版），2002(4).

[230] 马骊华. 毒品犯罪案件中的共同犯罪问题分析 [J]. 犯罪研究，2000(3).

[231] 马骊华. 内地与香港毒品犯罪之立法例分析比较 [J]. 云南大学学报（法学版），2007(1).

[232] 马力. 贩卖毒品罪既遂的认定 [J]. 中国检察官，2013(2).

[233] 马小平. 试析走私毒品罪 [J]. 理论研究，1995(3).

[234] 马晓明，朱嘉麟. 浅析一般累犯、特殊累犯与毒品（犯罪）再犯之关系 [J]. 今日中国论坛，2012(11).

[235] 马岩. 毒品特殊案件中共同犯罪的认定与处罚 [J]. 中国审判，2009(2).

[236] 马云星，贾晓文. 窝藏毒品罪若干问题新探 [J]. 北京政法职业学院学报，2010(3).

[237] 马云星，孙敏. 窝藏毒品罪论要 [J]. 贵州警官职业学院学报，2010(6).

[238] 麦买提·乌斯曼，阿里木·赛菲. 毒品概念新探——滥用性，毒品的基本构成要素之一 [J]. 前沿，2010(19).

[239] 梅传强，徐艳. 毒品犯罪的刑罚适用问题思考——兼论毒品犯罪限制适用死刑 [J]. 甘肃政法学院学报，2006(3).

[240] 梅传强，徐艳. 毒品犯罪司法实践中的疑难问题探究 [J]. 河南司法警官职业学院学报，2005(2).

[241] 梅象华，金锋，熊明明. 非法持有毒品罪探析 [J]. 重庆广播电视大学学报，2010(3).

[242] 梅咏明. 试论贩卖毒品罪的若干法律问题 [J]. 武汉科技大学学报（社会科学版），2002(2).

[243] 莫洪宪，陈金林. 论毒品犯罪死刑限制适用 [J]. 法学杂志，2010(1).

[244] 莫洪宪，任娇娇. 毒品犯罪严打整治行动理论反思与对策革新 [J]. 政法论丛，2015(5).

[245] 莫洪宪. 毒品犯罪的挑战与刑法的回应 [J]. 政治与法律，2012(10).

[246] 莫洪宪. 毒品犯罪死刑制度的发展与国情 [J]. 法治研究，2012(4).

[247] 莫洪宪.论毒品犯罪对未成年人的危害及控制方略[J].河南公安高等专科学校学报，2009(5).

[248] 穆书芹.贩卖毒品罪量刑应注意的几个法律问题[J].律师世界，2002(2).

[249] 聂慧苹.运输毒品罪的法律辨析[J].山西警官高等专科学校学报，2009(1).

[250] 聂慧萍，黄福涛.运输毒品罪若干问题研究[J].黑龙江省政法管理干部学院学报，2010(8).

[251] 宁积宇.贩卖毒品罪共犯疑难问题探析[J].河南公安高等专科学校学报，2009(4).

[252] 宁积宇.贩卖毒品罪疑难问题的司法认定[J].人民检察，2009(14).

[253] 宁积宇.购买毒品者能否构成贩卖毒品罪之共犯[N].检察日报，2009-04-26.

[254] 宁积宇.应以毒品是否交付作为贩卖毒品罪既未遂判定标准——对审判实践所持标准的质疑与批判[J].法制与社会，2009(28).

[255] 潘家永.增设非法吸食、注射毒品罪刍议[J].中南政法学院学报，1993(1).

[256] 彭迪.增设非法使用毒品罪刍议[J].云南学术探索，1995(1).

[257] 彭凤莲.非法种植毒品原植物罪的犯罪形态研究[J].贵州警官职业学院学报，2007(3).

[258] 彭建鸣.试析毒品犯罪立法的局限与完善[J].云南警官学院学报，2004(2).

[259] 彭荣，李丽.运输毒品罪与非法持有毒品罪之辨析[J].云南大学学报（法学版），2014(5).

[260] 彭霞.非法持有毒品行为的定性应主客观一致[N].人民法院报，2013-02-07.

[261] 彭旭辉，李坤.论毒品犯罪的死刑适用[J].中南大学学报（社会科学版），2006(2).

[262] 彭阳春.非法种植毒品原植物罪与非罪界限[J].云南法学，1998(4).

[263] 彭之宇.毒品犯罪量刑问题研究[J].中国刑事法杂志，2014(1).

[264] 普同山.多角度证实毒品犯罪的主观明知[J].人民检察，2011(20).

[265] 钱毅. 论走私毒品罪 [J]. 中南政法学院学报，1993(1).

[266] 秦会江. 关于"毒品犯罪不以纯度折算"的理解与适用——以松桃县姚某毒品犯罪为例 [J]. 世纪桥，2014(12).

[267] 丘志馨. 关于完善毒品犯罪立法的思考 [J]. 政法学刊，2002(6).

[268] 邱威. 合理区分三种毒品罪之界限 [N]. 人民公安报，2015-01-26.

[269] 权福荣. 关于毒品犯罪的几点立法建议 [J]. 法学杂志，1995(5).

[270] 冉维芳，苏甲仁，张晓东. 毒品犯罪中居间行为的定性 [J]. 理论观察，2005(6).

[271] 阮兰 葛志敏. "代购"毒品克扣部分自吸如何定性 [N]. 检察日报，2013-03-03.

[272] 阮能文. 运输毒品罪的主观要件及其证明 [J]. 中国检察官，2015(14).

[273] 桑国庆，刘珂. 试析非法持有毒品罪中的持有行为 [J]. 人民检察，1997(4).

[274] 桑红华. 毒品犯罪 [M]. 北京：警官教育出版社，1993.

[275] 3 桑红华. 毒品犯罪研究 [J]. 现代法学，1992(6).

[276] 桑红华. 共同毒品犯罪的量刑 [J]. 政治与法律，1992(6).

[277] 桑红华. 论非法种植毒品原植物罪 [J]. 法学，1992(8).

[278] 上海市高级人民法院关于审理毒品犯罪案件具体应用法律若干问题的意见 [J]. 华东刑事司法评论，2003(3).

[279] 邵娟英. 包庇毒品犯罪分子罪适用难点探析 [J]. 法制与经济（中旬刊），2011(3).

[280] 邵知渊，夏瑜. 毒品犯罪中法律疑难问题案例分析 [J]. 法制博览（中旬刊），2014(12).

[281] 沈晋芳. 贩卖毒品罪的既、未遂探讨 [J]. 法制与经济（下旬），2011(12).

[282] 沈曙昆. 毒品犯罪中主观故意认定的困境 [J]. 人民检察，2007(21).

[283] 沈卫平，沈勇忠. 毒品犯罪法律适用中的若干问题 [J]. 上海市政法管理干部学院学报，2001(3).

[284] 石聚航. 运输毒品罪行为的主要类型与刑罚适用 [J]. 上海公安高等专科学校学报，2013(1).

[285] 石魏. 贩卖、运输毒品罪疑难问题解析 [J]. 上海政法学院学报（法治论丛），2013(3).

[286] 史捷，常武. 常见毒品的分类及对人体的危害 [J]. 科技咨询导报，2007(6).

[287] 寿媛君，徐萍. 浅议毒品犯罪中"明知"的证明 [J]. 法制与社会，2010(5).

[288] 帅红兰. "无害控制下交付"中的犯罪形态认定——以毒品犯罪为视角 [J]. 江西警察学院学报，2014(2).

[289] 司冰岩. 毒品犯罪疑难问题研究 [J]. 法律适用，2015(12).

[290] 宋文凯. 以毒品抵扣借款是否构成贩卖毒品罪 [J]. 人民司法，2011(14).

[291] 苏力 孙亮. "以毒易毒"构成贩卖毒品罪吗 [N]. 检察日报，2012-11-11.

[292] 随庆军. 我国毒品犯罪的立法改造 [J]. 铁道警察学院学报，2014(4).

[293] 孙聪. 为吸毒者代购毒品在运输途中被查获的司法定性：姚某某非法持有毒品案 [J]. 中国检察官，2010(24).

[294] 孙力. 包庇毒品犯罪分子罪探析 [J]. 公安大学学报，1994(2).

[295] 孙力. 非法持有毒品罪探析 [J]. 法律科学（西北政法学院学报），1992(4).

[296] 孙琳，潘基俊. 认定运输毒品主观明知需把握四个关键 [N]. 检察日报，2015-07-06.

[297] 孙末未. 运输毒品罪之死刑问题研究 [J]. 德宏师范高等专科学校学报，2009(2).

[298] 孙万怀. 互易毒品行为的刑法性质评析 [J]. 法律科学（西北政法大学学报），2009(2).

[299] 孙阳，陈容钦. 贩卖毒品与容留他人吸毒两种行为并存应如何定罪 [J]. 法治论坛，2014(1).

[300] 孙颖菲. 运输毒品罪形态的认定 [N]. 人民法院报，2008-04-30.

[301] 孙跃文. 代购用于吸食的毒品案件定性分析 [J]. 法制与社会, 2014(10).

[302] 覃光文. 毒品犯罪中居间行为的处罚问题——建议增设毒品居间罪 [J]. 云南法学, 1995(3).

[303] 覃健. 试论运输毒品罪与非法持有毒品罪的区别 [N]. 贵州民族报, 2013-09-30.

[304] 谭光定. 试论增设"非法使用毒品罪" [J]. 探索, 2003(3).

[305] 唐爱英. 贩卖与代购毒品的界定 [N]. 江苏法制报, 2014-01-30.

[306] 唐煜枫, 王明辉. 论非法持有毒品罪之立法缺陷及司法完善——从一起毒品犯罪案例谈起 [J]. 黑龙江省政法管理干部学院学报, 2005(5).

[307] 陶然. 认定贩卖毒品罪既、未遂浅析 [N]. 天津政法报, 2011-03-15.

[308] 陶源. 浅议毒品犯罪刑罚轻缓化 [J]. 才智, 2014(6).

[309] 田坤. 内地与香港特区毒品持有型犯罪比较研究 [J]. 湖南文理学院学报（社会科学版）, 2009(1).

[310] 田立文, 夏汉清. 审理毒品犯罪案件几个疑难问题探讨 [J]. 河南社会科学, 2009(2).

[311] 田兴华, 姚桂华. 试析几种毒品犯罪与其他犯罪的联系与区别 [J]. 云南警官学院学报, 2003(4).

[312] 涂俊峰, 黄超荣. 吸毒者为个人吸食携带毒品的定性 [J]. 人民司法, 2010(12).

[313] 万海富, 谢钟石. 非法购买枪支并以毒品冲抵部分价款应否数罪并罚 [J]. 人民检察, 2009(10).

[314] 万丽红. 贩卖毒品罪的界定问题 [J]. 上饶师范学院学报（社会科学版）, 2003(4).

[315] 汪敏, 任志中. 毒品犯罪案件中毒品数量的认定 [J]. 华东刑事司法评论, 2003(3).

[316] 王昌学. 关于毒品犯罪罪名的辨析 [J]. 内蒙古大学学报（哲学社会科学版）, 1993(2).

[317] 王登辉. 构成贩卖毒品罪无需以牟利为要件 [N]. 人民法院报, 2015-02-04.

[318] 王捷明. 对运输毒品罪死刑适用的把握 [J]. 人民司法，2014(12).

[319] 王军，李树昆，卢宇蓉. 破解毒品犯罪法律适用难题——毒品犯罪法律适用问题研讨会综述 [J]. 人民检察，2004(11).

[320] 王军. 论打击毒品犯罪中的几个问题 [J]. 甘肃行政学院学报，2002(2).

[321] 王开武. 牵连犯原理司法适用困境研究——以一类特殊的毒品犯罪为研究起点 [J]. 社科纵横，2015(2).

[322] 王磊. 试析运输毒品罪的主客观要件 [J]. 法制与社会，2011(9).

[323] 王丽娟. 领取毒品包裹，是"运输"还是"持有" [N]. 检察日报，2009-11-01.

[324] 王联合. 毒品犯罪的几个疑难问题研究 [J]. 中国刑事法杂志，2003(4).

[325] 王露萍. 贩卖毒品罪既遂标准的认定与适用 [J]. 法制博览，2015(20).

[326] 王梅. 论毒品犯罪案件中嫌疑人主观明知的认定 [J]. 辽宁公安司法管理干部学院学报，2013(2).

[327] 王梅. 浅析运输毒品犯罪中的几种共同犯罪形式 [J]. 中共南宁市委党校学报，2011(4).

[328] 王珊珊. 非法持有毒品罪的理论与实务研究 [J]. 黑龙江科技信息，2009(21).

[329] 王姝. 对毒品犯罪案件审查起诉中几个常见问题的探讨 [J]. 广西警官高等专科学校学报，2008(4).

[330] 王姝婷. 新型毒品犯罪数量标准司法认定研究 [J]. 武警学院学报，2012(9).

[331] 王树良，李宁，张晋明. 惩治毒品犯罪的理论与实践 [J]. 法学评论，1993(2).

[332] 王树良，张晋明，李宁. 谈毒品死刑案情件中情节的理解与掌握 [J]. 法律适用，1994(1).

[333] 王树良. 谈毒品犯罪的共犯及处罚 [J]. 法律适用，1993(1).

[334] 王太宁. 论制造毒品罪的既遂标准 [J]. 法学杂志，2011(4).

[335] 王维丹. 毒品犯罪案件证据审查中的对主观明知的推定——以叶某、焦某贩卖运输毒品案为视角 [J]. 法制与社会，2012(26).

[336] 王武. 运输毒品犯罪适用法律研究 [J]. 上海市政法管理干部学院学报，2001(5).

[337] 王晓楠. 关于我国刑法走私、贩卖、运输、制造毒品犯罪的认识 [J]. 中国商界（下半月），2008(6).

[338] 王笑音. 贩卖毒品罪疑难问题探析 [J]. 法制与经济（下旬），2010(12).

[339] 王新. 洗钱罪与窝藏、转移、隐瞒毒品、毒赃罪的界限 [N]. 检察日报，2010-03-08.

[340] 王新华. 论从药品到毒品的"角色"转换 [J]. 医学与哲学（临床决策论坛版），2007(9).

[341] 王亚凯. 运输毒品罪的死刑适用问题 [J]. 人民司法，2015(5).

[342] 王燕飞. 包庇毒品犯罪分子罪疑难问题探讨 [J]. 湖南大学学报（社会科学版），2008(1).

[343] 王勇，吴光侠. 毒品共同犯罪主从犯的认定与处罚 [N]. 人民法院报，2009-06-24.

[344] 王玉平，王轶. 贩卖毒品罪还是非法持有毒品罪 [N]. 西部法制报，2014-09-20.

[345] 王园. 贩卖毒品行为界定中的若干疑难问题 [J]. 江苏警官学院学报，2014(2).

[346] 王志泽，严禄，陈杰. 代购毒品后共同吸食，应该如何定性 [N]. 人民公安报，2014-05-15.

[347] 魏东，魏小红. 论毒品犯罪的犯罪构成 [J]. 云南法学，1994(3).

[348] 魏东. 毒品犯罪立法再研究 [J]. 云南法学，1998(1).

[349] 魏在军. 非法持有毒品罪故意的认识因素 [J]. 淮北煤炭师范学院学报（哲学社会科学版），2009(5).

[350] 温黎红，李铁威. 对动态持有毒品行为之定性 [J]. 人民检察，2008(14).

[351] 文云波. 毒品定性定量中存在的问题及建议 [J]. 云南警官学院学报，2012(5).

[352] 邬江. 浅析非法持有毒品罪 [J]. 云南公安高等专科学校学报，2001(2).

[353] 吴大华，于志刚. 新刑法典关于毒品犯罪的修改与补充 [J]. 河北法学，1998(4).

[354] 吴炯，顾飞. 非法持有毒品后主动上交的刑罚裁量 [J]. 人民司法，2015(10).

[355] 吴娟. 运输毒品罪之司法界定——兼论与非法持有毒品罪的区分 [J]. 金田，2013(6).

[356] 吴峻. 毒品案件的立法推定 [N]. 检察日报，2001-02-12.

[357] 吴立志. 宽严相济刑事政策与毒品犯罪的死刑适用限制——一种宏观路径的考察 [J]. 青岛科技大学学报（社会科学版），2011(3).

[358] 吴寿泽. 毒品犯罪死刑若干问题研究 [J]. 广西政法管理干部学院学报，2007(6).

[359] 吴陶. 运输毒品犯罪的主观要件疏议 [J]. 辽宁行政学院学报，2009(2).

[360] 吴晓杰. 打击新型毒品犯罪：定罪量刑标准仍需细化 [N]. 检察日报，2009-06-23.

[361] 吴晓娜. 小议非法持有毒品罪的认定 [J]. 法制与社会，2011(30).

[362] 吴秀玲. 帮人代购毒品如何定性 [N]. 检察日报，2012-09-02.

[363] 吴忆萍. 从非法持有毒品罪析持有型犯罪的归责 [J]. 重庆商学院学报，2001(2).

[364] 武清华，张小华. 我国毒品定义之重构 [J]. 云南警官学院学报，2012(6).

[365] 夏汉清，毛淼. 毒品犯罪案件认定中存在的几个问题 [J]. 铁道警官高等专科学校学报，2009(5).

[366] 向朝阳，康怀宇. 论非法持有毒品罪之罪过及归责特征 [J]. 云南法学，2000(1).

[367] 向夏厅. 运输毒品罪概念探析 [J]. 重庆科技学院学报（社会科学版），2012(22).

[368] 肖凤. 非法持有毒品罪与运输毒品罪的区分 [N]. 人民法院报，2007-06-26.

[369] 肖光坤，罗斌. 论非法持有毒品罪 [J]. 湖南公安高等专科学校学报，2002(2).

[370] 肖光坤. 简析非法持有毒品罪的司法认定 [J]. 湖南经济管理干部学院学报，2002(4).

[371] 肖洪. 运输毒品罪概念及不同行为类型的分析 [J]. 西南政法大学学报，2006(3).

[372] 肖敏. 运输毒品罪既遂、未遂问题探析 [J]. 西南政法大学学报，2007(1).

[373] 肖晚祥. 贩卖、运输毒品罪的司法认定 [J]. 华东刑事司法评论，2003(1).

[374] 肖晚祥. 贩卖毒品罪主观目的的认定 [N]. 人民法院报，2007-07-31.

[375] 谢杰. 为刑事特情人员介绍购买毒品行为的性质认定 [J]. 中国检察官，2012(4).

[376] 谢秋凌，高巍. 论贩卖毒品罪之目的 [J]. 云南大学学报（法学版），2006(1).

[377] 谢晓龙. 浅析贩卖毒品罪居间介绍买卖毒品的行为 [J]. 法制与经济（中旬刊），2009(11).

[378] 谢永进. 贩卖、运输毒品罪中对象认识错误的司法认定 [J]. 广州市公安管理干部学院学报，2011(3).

[379] 邢瑞. 质疑我国《刑法》第356条的合理性 [J]. 甘肃行政学院学报，2003(4).

[380] 熊琳，古松岭. 非法持有毒品罪的主观要件研究 [J]. 法制博览（中旬刊），2013(10).

[381] 熊秋红. 毒品犯罪主观故意认定之域外经验 [J]. 人民检察，2007(21).

[382] 徐嘉铭，杜国强. 运输毒品罪及其相关犯罪辨析 [J]. 中国检察官，2011(7).

[383] 徐静. 走私、贩卖、运输、制造毒品罪之司法探讨 [J]. 学理论，2010(17).

[384] 徐林. 论当前我国毒品犯罪的刑事政策 [J]. 公安学刊（浙江公安高等专科学校学报），2007(6).

[385] 徐茂荣，乐业. 毒品再犯相关问题研究 [J]. 东华理工学院学报（社会科学版），2007(2).

[386] 徐晓明，罗明华. 毒品犯罪中共犯立功、中止的认定及量刑 [J]. 人民司法，2014(12).

[387] 徐新彦. 毒品案件中共同犯罪的认定 [J]. 河南公安高等专科学校学报，2006(2).

[388] 徐志军，王伟民，曹玉玉. 盗窃毒品行为的刑法性质评析 [J]. 净月学刊，2013(5).

[389] 许桂敏. 扩张的行为与压缩的解读：毒品犯罪概念辨析 [J]. 河南省政法管理干部学院学报，2008(5).

[390] 许娟娟，曹丽，刘勋.贩卖毒品罪应否以牟利为要件[N].检察日报，2014-07-28.

[391] 薛剑祥.毒品犯罪法律适用若干问题探讨[J].法律适用，2004(2).

[392] 薛培，周利，张军英.采用物理方法提纯假毒品行为之定性研究——兼谈最高人民法院司法解释中关于制造毒品罪规定之完善[J].政治与法律，2011(11).

[393] 薛正俭.对非法种植毒品原植物罪几个主要问题的探讨[J].宁夏社会科学，1999(6).

[394] 闫宏波.诈骗毒品后贩卖给特情人员定何罪[N].检察日报，2006-06-29.

[395] 严励，卫磊.毒品犯罪刑事政策探析[J].学术交流，2010(7).

[396] 阎慧，高鹏志.订购但未收到毒品的行为其犯罪形态如何认定[J].人民检察，2015(12).

[397] 杨宝宏.论刑罚对毒品犯罪的威慑效应[J].甘肃政法成人教育学院学报，2005(4).

[398] 杨方泉.新型毒品犯罪的定罪与量刑[J].广东社会科学，2012(2).

[399] 杨高峰.贩卖、运输毒品罪既遂标准探讨[J].江西公安专科学校学报，2005(3).

[400] 杨高峰.贩卖毒品罪既遂标准问题的法律解释学探讨[J].华南师范大学学报（社会科学版），2005(3).

[401] 杨国章，郑华伟.教唆他人贩卖假毒品骗取奖金如何定性[N].检察日报，2009-09-16.

[402] 杨洁.试析毒品所致精神障碍下犯罪应负刑事责任的理由[J].法制与经济（中旬刊），2013(9).

[403] 杨经德.从毒品犯罪立法看刑法对罪刑法定原则的贯彻与背离[J].云南公安高等专科学校学报，1999(2).

[404] 杨经德.新刑法关于毒品犯罪立法的技术性缺陷[J].云南法学，1998(2).

[405] 杨凯.单位毒品累犯认定的刑法根据与适用[J].湘潭大学社会科学学报，2002(4).

[406] 杨荣刚.试论贩卖毒品罪的未遂[J].法律适用，1995(10).

[407] 杨婷.非法持有毒品罪的立法不足与完善[J].思想战线，2011(S2).

[408] 杨向华，欧阳梓华. 窝藏、转移、隐瞒毒品罪质疑 [J]. 云南警官学院学报，2005(1).

[409] 杨新京，张继政. 论毒品犯罪累犯 [J]. 检察实践，2002(6).

[410] 杨亚东. 吸毒者运输毒品行为的可罚性问题研究 [J]. 学理论，2012(20).

[411] 杨杨，王琳琳. 运输毒品罪与非法持有毒品罪如何区分 [N]. 江苏法制报，2014-10-30.

[412] 姚慧祥. 吸毒者携带毒品运输行为的定性 [J]. 上海市政法管理干部学院学报，2001(3).

[413] 衣家奇. 关于吸食毒品犯罪的立法设想 [J]. 甘肃政法学院学报，1999(4).

[414] 易志华，程云. 限制毒品犯罪死刑适用之思考 [J]. 人民检察，2013(22).

[415] 殷芳保. 不以牟利为目的代购毒品也应认定为共犯 [N]. 检察日报，2014-05-21.

[416] 尹力. 毒品犯罪相关问题研究 [J]. 山西青年，2013(10).

[417] 尹晓涛. 交叉型毒品共同犯罪中的数量认定及量刑 [J]. 人民司法，2012(12).

[418] 应九根，谢文莉. 毒品犯罪案件应将毒品纯度作为量刑标准之一 [N]. 人民法院报，2007-07-11.

[419] 于书峰. 已支付毒资但尚未拿到毒品构成何罪 [N]. 检察日报，2015-09-06.

[420] 于向阳，周德松. "以贩养吸"毒品犯罪数量认定 [J]. 山西省政法管理干部学院学报，2015(4).

[421] 于阳. 论非法持有毒品罪 [J]. 理论界，2009(9).

[422] 于阳. 浅析"以贩养吸"型毒品犯罪的司法认定 [J]. 消费导刊，2009(12).

[423] 于志刚. 非法持有毒品罪"情节严重"的认定困惑与解释思路——以刑法分则中"数额"与"情节"的关系梳理为背景 [J]. 法律适用，2014(9).

[424] 余芳，张德志. 对贩卖假毒品行为定性问题的研究 [J]. 云南大学学报（法学版），2007(1).

[425] 余剑. 以物理方法精炼毒品应定制造毒品罪 [J]. 人民司法，2009(12).

[426] 余岚. 运输毒品犯罪不宜设立死刑 [N]. 检察日报，2008-09-16.

[427] 余向阳，刘薇，谢永林. 毒品数量不宜单独作为认定非法持有毒品罪"情节严重"的标准 [N]. 人民法院报，2015-07-16.

[428] 俞世峰，吴加明. 非法持有毒品罪与相关毒品犯罪的界分 [J]. 山西省政法管理干部学院学报，2012(3).

[429] 袁登明. 毒品纯度与毒品犯罪的定罪量刑 [J]. 中国检察官，2011(15).

[430] 袁登明. 毒品再犯制度适用问题研究 [J]. 法律适用，2014(9).

[431] 袁江华. 贩卖毒品罪既遂与未遂的区别及认定 [J]. 人民司法，2008(12).

[432] 袁林，李林. 毒品犯罪死刑司法适用标准研究 [J]. 西南政法大学学报，2010(5).

[433] 袁琴武. 互易毒品行为的性质及犯罪数额认定 [J]. 湖北警官学院学报，2015(3).

[434] 袁伟英. 对居间介绍买卖毒品行为的分析 [J]. 法制与社会，2011(24).

[435] 詹勇. 论毒品犯罪刑事政策之修正——以运输毒品罪为视角 [J]. 社科纵横，2012(1).

[436] 张国清，林玉. 预付毒资后未取得毒品的行为定性 [J]. 中国检察官，2015(2).

[437] 张涵. 隐瞒毒品罪初探 [J]. 人民司法，2009(19).

[438] 张寒玉. 毒品犯罪主观"明知"的认定 [J]. 人民检察，2007(21).

[439] 张红良. 不同种类毒品在定罪量刑时能否"等价折算" [J]. 中国检察官，2012(4).

[440] 张洪成，黄瑛琦. 包庇毒品犯罪分子罪研究 [J]. 犯罪研究，2009(2).

[441] 张洪成. 盗窃毒品等行为后实施毒品犯罪的认定 [N]. 人民公安报，2009-09-07.

[442] 张洪成. 毒品犯罪主观故意认定问题研究 [J]. 刑法论丛，2012(1).

[443] 张洪成. 毒品数量认定问题研究 [J]. 云南大学学报（法学版），2011(1).

[444] 张洪成. 非法持有毒品罪若干问题研究 [J]. 湖北警官学院学报，2009(3).

[445] 张洪成. 非法种植毒品原植物罪定罪若干问题研究 [J]. 中南大学学报（社会科学版），2009(3).

[446] 张洪成. 论几类特殊毒品流通行为的法律认定 [J]. 周口师范学院学报，2012(3).

[447] 张洪成. 运输型犯罪废止论——以运输毒品罪为视角 [J]. 太原理工大学学报（社会科学版），2013(3).

[448] 张洪成. 制造毒品罪的特殊情形及认定 [J]. 法治论丛（上海政法学院学报），2008(2).

[449] 张洪成. 制造毒品罪疑难问题探析 [J]. 国家检察官学院学报，2007(5).

[450] 张洪成. 走私毒品罪相关问题研究 [J]. 云南大学学报（法学版），2012(1).

[451] 张洪成. 毒品犯罪共犯成立问题研究 [J]. 石河子大学学报（哲学社会科学版），2013(3).

[452] 张华. 贩卖毒品罪的既遂形态探讨 [J]. 魅力中国，2010(12).

[453] 张华封. 如何确定毒品犯罪中量刑的毒品数量标准 [J]. 人民司法，1991(12).

[454] 张建，俞小海. 贩卖毒品罪未遂标准的正本清源 [J]. 法学，2011(3).

[455] 张剑. 居间、代购毒品行为如何区分情形具体认定 [N]. 检察日报，2009-06-22.

[456] 张健. 毒品犯罪确定刑罚应考虑毒品纯度 [N]. 检察日报，2011-05-22.

[457] 张杰. 浅析容留他人吸食、注射毒品罪 [J]. 新疆警官高等专科学校学报，2012(4).

[458] 张杰炜. 关于毒品犯罪法律规定的研究 [J]. 政法学刊，1992(2).

[459] 张金明. 毒品违法犯罪若干问题辨析 [J]. 辽宁公安司法管理干部学院学报，2015(2).

[460] 张景华. 从证据采信角度解析如何认定运输毒品罪的主观明知——由一则案例引发的思考 [J]. 邯郸职业技术学院学报，2014(2).

[461] 张开骏. 贩卖毒品罪既、未遂形态研究 [J]. 云南大学学报（法学版），2011(4).

[462] 张坤淑. 毒品犯罪居间介绍行为定性 [J]. 法制博览（中旬刊），2014(6).

[463] 张理恒. 本案构成贩卖毒品罪的共犯 [N]. 人民法院报，2011-07-07.

[464] 张明. 毒品犯罪量刑的若干问题 [J]. 中国审判，2007(2).

[465] 张明楷. 简论非法持有毒品罪 [J]. 法学, 1991(6).

[466] 张明楷. 论走私、贩卖、运输、制造毒品的几个问题 [J]. 广东法学, 1994(4).

[467] 张平, 谢雄伟. 我国特别再犯制度的若干问题研究 [J]. 法学杂志, 2005(3).

[468] 张普定, 韩海燕. 在涉毒人员住处查获毒品案件的认定 [J]. 人民司法, 2012(13).

[469] 张芹, 叶慧娟. 毒品犯罪若干问题调查研究 [J]. 东南大学学报（哲学社会科学版）, 2012(1).

[470] 张泉. 吸毒者非法持有毒品相关问题研究 [J]. 云南警官学院学报, 2014(2).

[471] 张荣庆, 任建国. 浅谈制造、贩卖、运输毒品罪 [J]. 人民司法, 1990(5).

[472] 张汝铮. 运输毒品行为疑难问题研究 [J]. 法制博览, 2015(26).

[473] 张泗汉, 赵海峰. "走私、贩卖、运输、制造毒品罪"的适用问题 [J]. 法学杂志, 1991(4).

[474] 张旺. 吸毒者携带毒品是"运输"还是"非法持有"[N]. 检察日报, 2012-01-10.

[475] 张小贺, 马欣. 贩卖毒品的控制下交付若干问题探析 [J]. 湖南公安高等专科学校学报, 2009(1).

[476] 张晓晨. 毒品犯罪刑事政策分析 [J]. 法制与经济, 2015(6).

[477] 张旭. 关于运输毒品罪认定的法律思考 [J]. 中国刑事法杂志, 2001(5).

[478] 张宇. 代购毒品案件若干法律问题研究 [J]. 云南警官学院学报, 2014(2).

[479] 张志勇, 王金贵. 如何认定毒品犯罪的主观故意 [N]. 检察日报, 2007-11-02.

[480] 张忠平, 孙松俊. 指使他人领取邮寄毒品行为之认定——以袁某非法持有毒品案为例 [J]. 法制与社会, 2011(22).

[481] 赵秉志, 李运才. 论毒品犯罪的死刑限制——基于主观明知要件认定的视角 [J]. 中南民族大学学报（人文社会科学版）, 2010(5).

[482] 赵秉志, 李运才. 论毒品共同犯罪的死刑限制 [J]. 南都学坛, 2010(5).

[483] 赵秉志，肖中华. 论运输毒品罪和非法持有毒品罪之立法旨趣与隐患 [J]. 法学，2000(2).

[484] 赵丹. 赊购毒品构成贩卖毒品罪 [N]. 人民法院报，2013-12-19.

[485] 赵海峰. 试述掩饰、隐瞒出售毒品所得财物的非法性质和来源罪 [J]. 法学杂志，1992(6).

[486] 赵慧. 持有毒品被查处后供述贩卖事实能否认定自首 [J]. 人民检察，2014(11).

[487] 赵龙城. 毒品犯罪中居间介绍买卖毒品行为性质分析 [J]. 江西警察学院学报，2013(2).

[488] 赵敏奇. 毒品代购者刑事责任认定的困境 [J]. 法制博览（中旬刊），2014(2).

[489] 赵晓阳. 毒品控制下交付的犯罪形态问题研究 [J]. 公安海警学院学报，2013(1).

[490] 赵拥军. 从毒贩住处等地查获的毒品数量计入贩卖数量应允许反证推翻——兼论贩卖毒品罪的既遂应当区别行为方式的不同进行认定 [J]. 法律适用，2015(4).

[491] 郑婉红，杨陆平. 寄存贩毒分子的毒品构成窝藏毒品罪 [J]. 人民司法，2011(22).

[492] 郑婉红，杨陆平. 同意他人将毒品寄存于暂住处的行为认定 [N]. 人民法院报，2011-09-29.

[493] 郑杨. 论毒品犯罪主观明知的认定 [J]. 法制博览（中旬刊），2013(2).

[494] 郑岳龙. 如何认定贩卖毒品罪的既遂与未遂 [J]. 人民司法，2006(7).

[495] 郑周鹏，牛炳义. 论非法持有毒品罪 [J]. 政法学刊，1991(4).

[496] 钟文华. 犯罪记录封存语境下的毒品再犯认定 [J]. 中国检察官，2014(12).

[497] 周岸东. 论运输毒品罪中主犯与从犯的认定 [J]. 云南大学学报（法学版），2009(4).

[498] 周岸萦. 浅谈运输毒品犯罪中主观明知的认定 [J]. 法学评论，2012(1).

[499] 周岸萦. 运输毒品犯罪中的几种共同犯罪形式研究 [J]. 中国审判，2015(5).

[500] 周和玉. 从严把握毒品犯罪中主观故意的推定 [J]. 人民检察，2007(21).

[501] 周建军. 海峡两岸毒品犯罪比较研究 [J]. 福建警察学院学报，2008(1).

[502] 周利民. 论运输毒品罪 [J]. 湖南经济管理干部学院学报，2000(4).

[503] 周利民. 如何区分运输毒品罪 [J]. 公安大学学报，2001(2).

[504] 周茜. 谈毒品累犯的构成条件 [J]. 律师世界，2003(9).

[505] 周晓铭，高洁峰. 对滥用毒品行为犯罪化的再思考 [J]. 云南大学学报（法学版），2009(5).

[506] 周珣彧. 未进入毒品交易环节的行为定性 [N]. 江苏法制报，2015-04-09.

[507] 周娅. 非法持有毒品罪：风险社会中的犯罪构成分析——基于刑事政策的解读 [J]. 武汉大学学报（哲学社会科学版），2012(1).

[508] 周宇蕾. 论运输毒品罪死刑的存废 [J]. 公民与法（法学版），2015(11).

[509] 周毓业. 论走私、贩卖、运输、制造毒品罪 [J]. 法学探索. 贵州省政法管理干部学院学报，1992(1).

[510] 朱飞. 论我国毒品犯罪刑事政策的实现 [J]. 云南警官学院学报，2010(3).

[511] 朱建华，孙渝. 论走私毒品罪没有完全包容走私毒品行为 [J]. 福建法学，1996(1).

[512] 朱建华. 毒品犯罪再犯与累犯竞合时的法律适用 [J]. 人民检察，2006(17).

[513] 朱克非. 居间介绍买卖毒品行为性质的认定及量刑抗诉的标准把握 [J]. 中国检察官，2014(22).

[514] 朱铁军. 买卖枪支时以毒品冲抵部分价款行为之定性 [N]. 人民法院报，2007-08-10.

[515] 朱亚威. 打击走私毒品犯罪疑难问题解析 [J]. 黑龙江省政法管理干部学院学报，2015(3).

[516] 庄华忠. 非法持有毒品罪司法适用相关问题探析 [J]. 学术交流，2012(5).

[517] 卓学龙. 是吸毒、贩卖毒品还是非法持有毒品 [J]. 律师世界，1995(1).

[518] 邹世发. 论非法种植毒品原植物罪——从"冰岛罂粟花是不是毒品"谈起 [J]. 贵州警官职业学院学报，2003(3).

[519] 邹涛. 关于滥用毒品入罪的初步构想 [J]. 法律适用，2012(7).

[520] 左仰东，张建兵. 提供"毒源"信息能否认定为居间介绍买卖毒品 [J]. 法治论丛，2010(3).

三、学位论文类

[1] 艾利军. 毒品犯罪中废止死刑适用探究 [D]. 广州：暨南大学，2013.

[2] 白琳. 张某某委托他人代买、代运毒品行为的罪刑探讨 [D]. 重庆：西南政法大学，2012.

[3] 蔡雪. 论运输毒品罪的司法认定 [D]. 南昌：南昌大学，2014.

[4] 曾涛. 运输毒品罪若干问题研究 [D]. 郑州：郑州大学，2010.

[5] 陈丹. 毒品再犯的认定 [D]. 重庆：西南政法大学，2014.

[6] 陈晖. 累犯与毒品再犯竞合处理方法研究 [D]. 重庆：西南政法大学，2011.

[7] 陈军. 毒品犯罪若干问题研究 [D]. 合肥：安徽大学，2006.

[8] 陈林. 论运输毒品罪 [D]. 上海：华东政法大学，2011.

[9] 陈秋. 代购毒品行为定性研究 [D]. 重庆：西南政法大学，2011.

[10] 陈荣娇. 贩卖、运输毒品罪的若干问题研究 [D]. 上海：华东政法学院，2002.

[11] 陈珊珊. 论我国毒品犯罪的立法缺陷及完善 [D]. 青岛：中国海洋大学，2012.

[12] 陈思洋. 运输毒品罪的基本现状与对策研究 [D]. 重庆：西南政法大学，2013.

[13] 陈艳娟. 运输毒品罪与非法持有毒品罪的界限 [D]. 重庆：西南政法大学，2011.

[14] 董亚昆. 运输毒品罪财产刑司法适用的问题与对策 [D]. 重庆：西南政法大学，2010.

[15] 范雅萱. 运输毒品罪的司法认定问题研究 [D]. 沈阳：沈阳师范大学，2014.

[16] 符世锋. 论非法持有毒品罪 [D]. 重庆：西南政法大学，2009.

[17] 高勇杰. 运输毒品罪研究 [D]. 重庆：西南政法大学，2009.

[18] 戈蕊.毒品犯罪主观构成要件证明问题研究[D].秦皇岛：燕山大学，2013.

[19] 龚福平.毒品犯罪中毒品数量的理性思考[D].重庆：西南政法大学，2010.

[20] 郭杰.毒品犯罪刑事立法比较研究[D].济南：山东大学，2008.

[21] 韩洁.贩卖毒品罪中特情和居间行为研究[D].重庆：西南政法大学，2012.

[22] 胡江.毒品犯罪刑事政策研究[D].重庆：西南政法大学，2009.

[23] 胡坤亮.毒品犯罪死刑适用问题研究[D].重庆：西南政法大学，2010.

[24] 黄灿.我国毒品犯罪数额与刑罚轻缓化研究[D].重庆：西南政法大学，2010.

[25] 黄敏.毒品犯罪认定的若干问题研究[D].乌鲁木齐：新疆大学，2014.

[26] 黄鹏.运输毒品罪认识错误研究[D].北京：中国政法大学，2009.

[27] 金京海.论非法持有毒品罪[D].北京：中国政法大学，2007.

[28] 柯欣.制造毒品罪之疑难问题探析[D].重庆：西南政法大学，2012.

[29] 黎旭阳.我国毒品犯罪刑罚适用的疑难问题及对策研究[D].长春：吉林大学，2015.

[30] 李发亮.滥用毒品犯罪化质疑论[D].重庆：西南政法大学，2007.

[31] 李红彬.走私、贩卖、运输、制造毒品罪司法认定若干问题研究[D].成都：四川大学，2004.

[32] 李晶岩."滥用毒品"犯罪化问题研究[D].长春：吉林大学，2013.

[33] 李楠.贩卖毒品罪疑难问题研究[D].长春：吉林大学，2011.

[34] 李士勇.论运输毒品罪[D].上海：华东政法学院，2005.

[35] 李世清.毒品犯罪的刑罚问题研究[D].长春：吉林大学，2007.

[36] 李鑫.毒品犯罪中"主观明知"之刑事推定研究[D].重庆：西南大学，2014.

[37] 李兆芸.毒品犯罪若干争议问题的分析与认定[D].长春：吉林大学，2014.

[38] 廖俊凯.毒品犯罪的"明知"问题研究[D].广州：华南理工大学，2014.

[39] 廖玲玲.论贩卖毒品罪中的贩卖行为[D].湘潭：湘潭大学，2012.

[40] 林木明. 论故意犯罪中明知的认定 [D]. 广州：华南理工大学，2013.

[41] 刘大勇. 论贩卖毒品罪认定及量刑适用 [D]. 长春：吉林大学，2011.

[42] 刘力华. 毒品犯罪死刑限制研究 [D]. 长春：吉林大学，2012.

[43] 刘莲. 毒品犯罪适用死刑立即执行的量刑情节探讨 [D]. 重庆：西南政法大学，2014.

[44] 刘勇. 走私、贩卖、运输、制造毒品罪研究 [D]. 北京：中国政法大学，2007.

[45] 刘兆达. 非法持有毒品罪研究 [D]. 哈尔滨：黑龙江大学，2008.

[46] 刘自军. 论非法持有毒品罪 [D]. 湘潭：湘潭大学，2005.

[47] 卢睿. 论毒品犯罪主观明知推定 [D]. 重庆：西南政法大学，2011.

[48] 陆佳佳. 论贩卖毒品行为的牟利目的 [D]. 上海：华东政法大学，2011.

[49] 陆瑾. 贩卖毒品罪若干问题研究 [D]. 苏州：苏州大学，2006.

[50] 栾驭. 毒品犯罪构成中几个问题的研究 [D]. 上海：华东政法学院，2002.

[51] 罗惠予. 毒品犯罪若干疑难问题研究 [D]. 郑州：郑州大学，2013.

[52] 罗靖. 毒品犯罪中若干实务问题研究 [D]. 上海：华东政法学院，2003.

[53] 罗思英. 我国新型毒品犯罪若干问题研究 [D]. 重庆：西南政法大学，2009.

[54] 马存伟. 毒品犯罪刑事政策研究 [D]. 昆明：昆明理工大学，2011.

[55] 马祥芬. 认定运输毒品罪若干问题研究 [D]. 北京：中国政法大学，2011.

[56] 麦买提·乌斯曼. 构建区域刑法，预防中亚跨国毒品犯罪 [D]. 乌鲁木齐：新疆大学，2007.

[57] 苗春燕. 走私毒品罪的若干问题研究 [D]. 郑州：郑州大学，2006.

[58] 潘慧. 毒品犯罪的死刑适用问题研究 [D]. 上海：上海交通大学，2013.

[59] 彭林霞. 贩卖、运输毒品罪的司法问题研究 [D]. 厦门：厦门大学，2006.

[60] 彭之宇. 毒品犯罪死刑适用问题研究 [D]. 长春：吉林大学，2014.

[61] 秦洁. 论毒品犯罪中的"明知" [D]. 昆明：昆明理工大学，2012.

[62] 饶锦秀.毒品再犯的问题与完善[D].重庆：西南政法大学，2010.

[63] 尚静，司秋菊.运输贩卖毒品案的案例分析[D].兰州：兰州大学，2012.

[64] 邵亮.贩卖毒品罪案研究[D].哈尔滨：黑龙江大学，2014.

[65] 盛文超.毒品犯罪主观故意认定问题研究[D].重庆：西南政法大学，2009.

[66] 覃清燕.毒品犯罪的立法缺陷与完善[D].广西民族大学，2010.

[67] 万红.非法持有毒品罪研究[D].郑州：郑州大学，2002.

[68] 王峰.毒品犯罪死刑适用的限制[D].北京：中国政法大学，2012.

[69] 王洪英.毒品犯罪量刑问题研究[D].哈尔滨：黑龙江大学，2010.

[70] 王慧.论走私毒品罪及其防控措施[D].成都：四川大学，2005.

[71] 王金龙.毒品犯罪死刑适用研究[D].重庆：西南政法大学，2012.

[72] 王静．累犯制度若干问题研究[D].成都：四川大学，2005.

[73] 王军.论运输毒品罪[D].郑州：郑州大学，2003.

[74] 王力理.毒品犯罪死刑问题研究[D].重庆：西南政法大学，2009.

[75] 王绍云.论毒品犯罪的刑罚适用[D].重庆：西南政法大学，2010.

[76] 王笑竹.论毒品犯罪中居间行为的定性[D].蚌埠：安徽财经大学，2015.

[77] 王银书.走私、贩卖、运输、制造毒品罪量刑研究[D].重庆：西南政法大学，2014.

[78] 魏春明.毒品纯度与量刑问题研究[D].郑州：郑州大学，2004.

[79] 魏春琪.韩某贩卖毒品案研究[D].哈尔滨：黑龙江大学，2013.

[80] 魏在军.论非法持有毒品罪[D].北京：中国政法大学，2009.

[81] 魏战海.非法持有毒品罪设置的不足及立法完善[D].成都：四川大学，2003.

[82] 夏莹.贩卖毒品罪既未遂标准探讨[D].上海：华东政法大学，2013.

[83] 谢孔学.论毒品互易是否构成贩卖毒品罪[D].长春：吉林大学，2015.

[84] 熊劲松.贩卖毒品罪研究[D].武汉：武汉大学，2004.

[85] 熊敏. 论我国毒品犯罪刑罚设置的完善 [D]. 南京：南京大学，2012.

[86] 徐翀. 非法持有毒品罪研究 [D]. 重庆：西南财经大学，2012.

[87] 徐贵勇. 居间贩卖毒品行为定性研究 [D]. 重庆：西南财经大学，2012.

[88] 徐涓. 运输毒品罪的内涵浅析以及实务认定 [D]. 重庆：西南财经大学，2013.

[89] 闫军令. 毒品犯罪死刑适用问题研究 [D]. 开封：河南大学，2011.

[90] 杨娥. 包庇毒品犯罪分子罪的认定与立法完善 [D]. 重庆：西南政法大学，2011.

[91] 杨敏杰. 运输毒品罪的疑难问题研究 [D]. 昆明理工大学，2014.

[92] 余伶俐. 浅析毒品案件在司法实践中的疑难问题 [D]. 西南政法大学，2012.

[93] 余旭东. 贩卖毒品共同犯罪若干问题研究 [D]. 湘潭：湘潭大学，2006.

[94] 袁铮. 毒品犯罪的死刑适用研究 [D]. 上海：上海交通大学，2008.

[95] 苑保华. 毒品犯罪居间行为定性 [D]. 湘潭：湘潭大学，2011.

[96] 岳益民. 毒品犯罪研究 [D]. 济南：山东大学，2006.

[97] 翟新. 贩卖毒品罪研究 [D]. 郑州：郑州大学，2007.

[98] 张驰. 走私、贩卖、运输、制造毒品罪初探 [D]. 中国政法大学，2002.

[99] 张晗. 论运输毒品罪的司法认定 [D]. 广州：华南理工大学，2014.

[100] 张洪成. 毒品犯罪争议问题研究 [D]. 武汉：武汉大学，2010.

[101] 张鸿昌. 常见毒品犯罪的犯罪停止形态 [D]. 云南大学，2012.

[102] 张朋举. 毒品案件诱惑侦查问题研究 [D]. 重庆：西南政法大学，2012.

[103] 张韶春. 公安视野中贩卖毒品罪若干疑难问题研究 [D]. 上海：华东政法学院，2006.

[104] 张伟良. 运输毒品行为研究 [D]. 湘潭：湘潭大学，2008.

[105] 张晓霞. 贩卖毒品罪问题研究 [D]. 重庆：西南政法大学，2012.

[106] 张晓燕. 运输毒品罪疑难问题研究 [D]. 呼和浩特：内蒙古大学，2013.

[107] 张兴文. 当前毒品犯罪相关问题的研究 [D]. 重庆：西南政法大学，2013.

[108] 张真礼. 制造毒品罪的罪刑问题研究 [D]. 重庆：西南政法大学，2012.

[109] 郑舒虹. 毒品犯罪及其死刑适用的若干思考 [D]. 北京：中国社会科学院研究生院，2011.

[110] 周建华. 论毒品犯罪 [D]. 合肥：安徽大学，2005.

[111] 周金丽. 贩卖毒品罪问题研究 [D]. 郑州：郑州大学，2007.

[112] 周力佳. 居间介绍买卖毒品犯罪研究 [D]. 上海：华东政法大学，2011.

[113] 朱明. 贩卖毒品罪若干问题研究 [D]. 郑州：郑州大学，2004.

[114] 朱秀利. 贩卖毒品罪之"贩卖"界定的理论探究 [D]. 上海：华东政法大学，2009.

[115] 左乐. 运输毒品罪若干疑难问题研究 [D]. 昆明：昆明理工大学，2012.

[116] 左勇. 毒品犯罪基本问题探析 [D]. 重庆：西南政法大学，2005.